Escuchando EL SILENCIO DE DIOS

Escuchando
EL SILENCIO DE DIOS

¿Cómo escuchar a Dios cuando parece que no dice nada?

Raúl Rosado Jr

ESCUCHANDO EL SILENCIO DE DIOS

¿Cómo escuchar a Dios cuando parece que no dice nada?

ISBN: 979-8-9885652-0-8
Todos los derechos reservados
© 2023 por Raúl Rosado Jr.
Impreso en Estados Unidos de América
1ra Edición 2025

Editado por: Leonor Soto
Primera Corrección: Stephanie Mercado
Revisión del Texto: Tomás Rodríguez Pagán
Diseño de Portada: Benny Rodríguez –AcademiaDeAutores.com
Fotógrafo: Cristóbal De Jesús
Diagramación: Lillian Magallie Cruz

Sello: Rmerkat, Orlando Florida

Para pedidos o invitaciones: rmerkat@usa.com

Quedan prohibidos, dentro de los límites establecidos en la ley y bajo los apercibimientos legales previstos, la reproducción total o parcial de este libro por cualquier medio o procedimiento, ya ese electrónico o mecánico, el tratamiento informático, el alquiler o cualquier otra forma de cesión de la obra sin la autorización previa y por escrito del autor.

A menos que se indique lo contrario, las citas bíblicas son tomadas de la Versión Reina-Valera 1960 ©Sociedades Bíblicas en América Latina, 1960. Renovado ©Sociedades Bíblicas en América Unidas, 1988. Usada con permiso. Todos los derechos reservados.

Las citas marcadas (NVI) son tomadas de la Santa Biblia, *Nueva Versión Internacional®*, NVI®, ©1999 por la Sociedad Bíblica Internacional. Usada con permiso. Todos los derechos reservados.

AGRADECIMIENTOS

Al Dios que me hace escucharlo en todas partes, provocando que lo adore. A mi esposa, la que en los tiempos más difíciles ha escuchado el ruido de las luchas de mi silencio, rescatándome con su amor. A mi hijo que ha llegado como melodía divina a llenar nuestros corazones.

Dios, Wanda y Nathanael…Gracias

ENDOSOS

En tiempos donde todos tenemos algo que decir, el Pastor Raúl Rosado, nos invita a escuchar "El Silencio de Dios". Un libro que nos hará reflexionar sobre el porqué hay ocasiones donde no oímos la voz de Dios. Hoy te invito a que lo hagas parte de tu biblioteca.

Esteban Castro
Pastor Principal
Centro Cristiano Vida
Freehold, NJ

La lectura de este maravilloso libro es emocionante y cautivante. "Escuchando El Silencio de Dios" es el testimonio genuino y personal de un fiel cristiano cuya sed y deseo de discernir y de oír la verdadera voz de Dios, lo llevó a una interesante búsqueda o viaje de crecimiento espiritual.

Aunque en nuestra vida a veces hay tiempos de mutismo, de no lograr escuchar o entender la voz de Dios, con todo, aún en el "silencio "Dios nos habla clara y fuertemente.

Recomiendo ampliamente la lectura motivadora de este sincero testimonio de vida cristiana.

Dr. Ender Vargas
Pastor Iglesia Filadelfia
Maracaibo, Venezuela

PRÓLOGO

¡Intrigante! ¡Paradójico! ¡Interesante! ¡Cautivador! Tanto el título de este libro, así como todo su contenido, merecen esos calificativos. ¡Hay que leerlo!

La verdad es que, las personas introvertidas, como lo es Raúl, evidentemente llevan toda una gama de experiencias, conocimientos, y misterios encerrados dentro de ellos. Raúl, ha sido siempre una persona introvertida, aunque es comunicativo y lo hace muy bien.

Nadie puede entender, llegar a conocer, descifrar y luego explicar el silencio mejor que el que lo vive continuamente y lo disfruta. Porque conozco personalmente al autor, me di a la tarea de leer todo su contenido.

Debo aclarar que, espiritualmente hablando, más que conocerlo, él es parte de mí y yo soy parte de él. No estamos relacionados por vínculos sanguíneos, pero nuestra larga trayectoria y trato en los caminos del Señor, han incidido en que nuestra amistad sea como la de padre e hijo. Fue esto, precisamente, lo que me intrigó sobre el libro.

Me impuse la tarea de leerlo con un dual propósito: descubrir el concepto que el autor tiene sobre el silencio de Dios y; conocer mejor los procesos intrapsíquicos que predominan en la introvertida personalidad del propio Raúl Rosado JR.

Sí señor, la lectura intuitiva de este libro me dejó mejor preparado en cuanto a mi comprensión no sólo del silencio de Dios, sí que también, la vida contemplativa y silenciosa del autor mismo.

¡No digo más! Si lo que he dicho hasta ahora, aumenta la intriga en el prospecto lector, para que se motive a leer este libro, me daré por satisfecho de haber decidido insinuar con ello, la importancia y efectividad de poner en práctica de inmediato el uso prudente del SILENCIO en la redacción de este PRÓLOGO.

Rdo. Tomás Rodríguez Pagán
Presidente y Pastor General
FIADAH Internacional
Vega Alta, Puerto Rico

INTRODUCCIÓN

Desde nuestra perspectiva, Dios siempre está en silencio, mientras que, desde una perspectiva espiritual, Él siempre está hablando. En lo personal, siempre he querido comprender mi entorno, poder conocer el porqué de las cosas. Pero confieso que particularmente me gustaría saber sobre los grandes misterios que nos rodean. Aunque hay muchas preguntas que serán contestadas en esta vida, estoy convencido que hay otras que jamás sabremos las respuestas en este plano natural. Esto especialmente en los temas espirituales. Actualmente, vivimos en una sociedad donde la ignorancia le grita a la sabiduría. En el mundo de hoy, lastimosamente el desconocimiento plantea sus filosofías, así como sus postulados, intentando poner en ridículo la sabiduría que viene de Dios.

Permítame contarle sobre mis primeros años en la iglesia. Si bien ha pasado mucho tiempo desde que comencé a asistir a la casa del Señor, aún recuerdo muy bien aquella noche cuando milagrosamente llegué a una iglesia. En mis planes no estaba visitarla, pero los pensamientos de Dios eran otros. Esa noche sucedió algo que impactó mi vida, así como un cuerpo celeste impacta un planeta. En una conversación con el Señor, me fui de rodillas y le dije a Dios que quería conocer lo que era el bien y el mal. Hice aquella oración de esa forma, pues en aquel tiempo vivía con mucha confusión. Además, necesitaba poder diferenciar ambos conceptos, para de esa forma estar seguro en qué me había metido. Esa noche yo quería conocer el discernimiento. Le comparto que la Real Academia Española (RAE), define discernimiento 'como la acción y efecto de discernir. Espiritualmente significa, tener o poseer alguna cualidad que el Espíritu Santo nos brinda para captar o entender algo que no es evidente o perceptible naturalmente.

Luego de aquel servicio me marché a mi casa y aquella noche tuve un sueño como nunca antes lo había tenido. Sé que Dios me habló mediante aquella experiencia. Fue ahí que comencé a escuchar que Dios habla y saber cómo habla. ¿Sabe? Fui muy curioso porque quería saber cómo era la voz de Dios, a quién se parece Dios hablando y si sonaba familiar.

Mientras tanto, comenzaba a escuchar a las personas decir: "Dios me habló; lo escuché audiblemente". Esos comentarios me impactaron y esa voz que la gente decía oír, captaba mi atención. También, comentaban que el Espíritu de Dios hablaba a sus vidas, incluso en la madrugada. Otras personas, simplemente decían: "Así dice el Espíritu de Dios".

A lo largo de mi vida cristiana seguía escuchando tales declaraciones; solamente que yo nunca podía escuchar tal voz. No entendía por qué otras personas decían que Él les hablaba y a mí no me decía nada. Mi inquietud era tanta, que procedí a consultarlo con mi pastor y mentor, quien una vez dijo que nunca había escuchado la voz audible de Dios. Al escuchar esas palabras en la voz de mi pastor, quien para mí era uno de los mejores maestros y predicadores que yo había escuchado en mi nuevo caminar cristiano, me sentí sumamente intrigado.

Obviamente, Dios lo usaba poderosamente como pastor, maestro, evangelista y consejero. Por lo que, a través de los años, sin querer, me di a la tarea de ir en búsqueda de aquella voz que la gente escuchaba o que, por lo menos, decían que escuchaban.

Mientras más buscaba esa voz, llegaban demasiadas preguntas a mi mente. En medio de tantos cuestionamientos que le hacía al Señor, le rogaba que me hablara cómo lo hacía con mis hermanos de la fe. Humanamente, veía que Él no me hablaba, hasta que entonces pude escuchar el silencio de Dios, no audiblemente, sino en mi mente.

¿Cómo puedo escuchar un silencio si no tiene señal de ruido? Posteriormente a ese planteamiento, comenzó la enseñanza de este libro. En estas páginas se encuentran años de preguntas, actividad y pausas, así como momentos difíciles de ministración y otros momentos de silencio. Permítame contarle algo, este libro no se pudo escribir de una sentada, ni con la ayuda de otros. Lo que leerá en estas páginas ha sido mi experiencia propia y cómo el mismo Espíritu Santo, a través de los años fue contestando cada una de mis preguntas. Dichas respuestas, que revelaré en cada capítulo de este libro, tienen como propósito que logre entender cómo es la voz de Dios. ¿Qué realmente es lo que se escucha cuando Dios está hablando? ¿Cómo lo está haciendo, cuándo lo hizo y cuándo lo volverá hacer?

Porque más que una voz o un sonido, Dios nos está llamando a escuchar su silencio. En las páginas de este libro les revelaré qué es el silencio de Dios y cómo escucharlo.

"Pienso 99 veces y nada descubro. Dejo de pensar, me sumerjo en el silencio y la verdad me es revelada."
Albert Einstein

CONTENIDO

1

La Voz de Dios, ¿cómo es?

A los seres humanos les fascina el tema de la comunicación ultra humana; por eso el esfuerzo de búsqueda de vida en el universo ha costado billones de dólares. Hasta el día de hoy la mejor tecnología científica es aplicada a la búsqueda de alguna voz o algún sonido que nos diga que hay seres vivientes en otro planeta. Lo único cierto es que nada han encontrado.

Sólo ha existido una fuente extraterrestre que se ha comunicado con el hombre desde el principio de su creación, según los anales de su historia, con un mensaje claro y contundente que no ha cesado desde qué se registró. Hasta hoy esa fuente de comunicación la conocemos como Dios.

Según el registro bíblico, Dios hablaba con muchas personas de muchas maneras y sí, de forma audible. Todavía hoy muchos alegan que escuchan la voz de Dios de manera audible. Sobre esto estaremos profundizando más adelante en algunos capítulos.

A muchas personas se les hace difícil entender el hecho de que Dios siempre se ha comunicado con los seres humanos.

Quizás a usted, como a mí en mis primeros pasos por este caminar de Dios, le ha llegado la pregunta de que, si Él habla de forma audible, entonces, ¿cómo es esa voz?, ¿cómo la identificamos?, ¿cómo podemos estar completamente seguros que es su voz y no otra? ¡Vaya dilema!

Este tema es tan controversial como la política y la religión, pero no pretendo detenerme ahí, sino proseguir a la idea central hasta responder las respuestas de las preguntas que he planteado previamente.

Debo dejar claro que Dios sí nos habla. También usa su voz, sí, ¡su propia voz! Entonces se devela la primera pregunta formulada que le da título a este capítulo: ¿Cómo es su voz? Antes de entender o tratar de comprender cómo es la voz de Dios, veamos la estructura de nuestra voz, porque para poder entender las cosas espirituales primero debemos conocer las físicas y cómo fueron diseñadas.

Nuestra voz es un tema interesante, sobre el cual les recomiendo que realicen una búsqueda, así como de su funcionamiento. Sin duda alguna es mucho lo que podemos aprender. Por ejemplo: la voz produce un sonido y este sonido es lo que el oído humano escucha. La física ha establecido que para que exista sonido se requiere de tres elementos:

1. Un cuerpo que vibre
2. Un soporte físico por el que se transmite
3. Una caja de resonancia que amplifique esas vibraciones

La voz humana cumple con las tres condiciones señaladas, las que se explican de la siguiente manera: el cuerpo que vibra son las cuerdas vocales, el soporte físico por el que transmite es el aire y la caja de resonancia está formada por parte de la garganta, la boca y la cavidad nasal.

Aunque el tema de la voz humana es bastante profundo en sí mismo, puedo resumir que la misma es un sonido emitido, impulsado por varios elementos físicos con el fin de comunicar. ¡Así es! Acabo de revelar el propósito esencial de nuestra voz: "comunicar". ¿Pero qué comunica? La respuesta a esa pregunta es lo siguiente: nuestros pensamientos, lo que percibimos y lo que sentimos. Por eso es importante tener presente y nunca pasar por alto que se nos regaló un sistema completo, donde se produce nuestra voz, la cual no es sólo para hablar, sino para comunicar. Dentro de la comunicación residen los elementos básicos de la comunión y coexistencia con el resto de los seres humanos del planeta. Es mi deseo el que puedas percibir lo importante que es comunicar correctamente y no meramente darle rienda suelta a la boca entregando todo el dominio a las emociones sin una pizca de sabiduría.

Entonces, podemos comunicarnos mediante el sonido y éste a su vez es una onda que transporta energía. La energía es la capacidad para realizar un trabajo. ¿Recuerda el sonido que emitía una orden de nuestros padres cuando éramos niños? De esta manera aprendimos a identificar los diferentes tipos de sonidos y cómo reaccionar a los mismos. Existen cuatro tipos de sonidos importantes en nuestro entorno. El primero es la voz humana, la cual hemos mencionado ya. El segundo es la música, una combinación de melodías y ritmos emitidos por instrumentos musicales. En tercer lugar, se encuentra el ruido, todo sonido provocado en el medio ambiente. Por último, el cuarto es la voz de Dios.

De los cuatro que mencionamos anteriormente, el que tenemos en discusión es la voz de Dios, así que continuamos cuestionándonos, ¿cómo es esa voz? Esta pregunta nació hace muchos años, en mi mente. Aun en ocasiones resurge como un pensamiento fugaz que suena en mi interior, de la misma manera que suena un campanario llamando a un pueblo a la búsqueda de algo más profundo, algo que trasciende su propio razonamiento.

> La voz de Díos está presente en toda su creación ¡Díos está usando su voz!

¿Quién, con toda sinceridad y genuina honradez, me podría decir, como realmente es la voz del Creador? Humanamente hablando, no me han satisfecho las respuestas que he escuchado a través de casi cuatro décadas al momento de escribir estas líneas. Recuerdo una noche, cuando cursaba como estudiante de teología, que un profesor nos enseñó un escrito a mano en la tapa posterior de su Biblia que decía: "Cuando todo lo demás falle, haga lo que dice el libro". De inmediato, como muchos otros compañeros, escribí esas palabras en mi Biblia, pero más allá de ese acto, también las escribí en mi corazón. Desde entonces, aprendí a escuchar las respuestas a mis preguntas mediante la lectura cotidiana de la palabra de Dios.

Por lo tanto, es en la Biblia donde encontraremos una definición clara y precisa de la voz de Dios. Lo demás es un ruido que no nos deja enfocarnos en las verdaderas respuestas que nos ofrece el libro sagrado. Ahora bien, ¿qué nos dice el libro?

Vayamos al principio. En el capítulo uno del libro de Génesis, notamos dos palabras ligadas a la obra creadora de Dios: "Dijo" y "Llamó". ¿Lo puede ver? ¡Dios está usando su voz! Esto lo puedo percibir como un pensamiento que se transforma en sonido cargado de una orden a la materia para que sea lo que no era. El

Salmo 33:9 establece: ***"Porque Él dijo, y fue hecho; Él mandó, y existió"*** (Reina Valera 1960).

Si miramos a nuestro alrededor con detenimiento y meditando sobre lo que vemos, incluyéndolo a usted si se mira en un espejo, notamos un diseño perfecto debidamente planificado con un fin en mente: Dios desea cumplir un propósito eterno. Y pensar que todo fue manifiesto por su voz. Cuando "Dijo" creó todo y cuando "Llamó" dio identidad a cada cosa creada.

A diferencia de la voz humana, la de Dios vive y reside en la dimensión espiritual y en toda su creación. Mientras nuestra voz se desvanece por causas de las leyes físicas, la de Dios permanece porque no se circunscribe a las limitaciones de lo creado. Una de las características de esa voz es que permanece pululando en todas las cosas. En Génesis 3:8 leemos que Adán y Eva escucharon la voz de Dios que se "paseaba" en el huerto. Todavía esta pareja tenía la capacidad espiritual de oír y discernir el movimiento de la voz del Creador debido a que aún gozaban del diseño original que incluía perfecta comunicación con Dios.

Por favor, no tome esto livianamente porque aquí hay una enseñanza más allá de lo que sabemos. ¿De qué se trata? De que la voz de Dios nunca se ha apartado de todo lo que Él creó. Esa voz está ahí, sigue latente, no se ha ido. Sólo que el pecado del hombre ha ensordecido y bloqueado el sentido auditivo humano relacionado al mundo espiritual.

Todo contiene vida. Cada célula, cada átomo está compuesto por agentes cuánticos invisibles al ojo humano, pero con una existencia e inteligencia única que responde solamente a un Diseñador que mantiene su voz al control de cada movimiento para que el propósito de aquel que creó todas las cosas sea cumplido. Dentro de "todas las cosas" creadas hay vida que los científicos modernos pueden dar fe de que en ese microscópico universo todo está en constante movimiento.

Esas pequeñas partículas contienen la voz de Dios, o sea la vida de Él manifestándose en todo, incluyéndonos a nosotros.

La voz que creó el universo es la misma que cuenta su gloria. Veamos lo que dice el Salmo 19:1: ***"Los cielos cuentan la gloria de Dios, y el firmamento anuncia la obra de sus manos"***. ¿Cuántos años con la pregunta de cómo cuentan?, ¿cómo anuncia? ¿Se ha puesto a pensar en esto? Por defecto, cada vez que miro hacia un cielo estrellado repito este verso contemplando su hermosura, pero más pensando en la grandeza de aquel gran arquitecto que nos anuncia por medio de su creación que lo que vemos es su propia vida manifestada en todo. Ahí está su voz hablando a nuestro espíritu cada vez que miramos el cielo, un bello paisaje, un pequeño jardín, cada animalito, las montañas, las nubes, los ríos y grandes océanos.

Así lo dice el verso cuatro de ese mismo capítulo: ***"Por toda la tierra salió su voz, y hasta el extremo del mundo sus palabras"*** (Salmo 19:4).

Es la voz que le habla al hombre, pero no la reconoce. Es la voz que habla a la intuición, que se puede confundir con la conciencia y los pensamientos.

Más adelante les compartiré sobre las posibles razones por las cuales no escuchamos su voz. No obstante, seguiremos enfocados en cómo es esa voz. Veamos lo que cuenta el primer capítulo de Hebreos, los primeros tres versos en específico.

"Dios, habiendo hablado muchas veces y de muchas maneras en otro tiempo a los padres por los profetas" (Hebreos 1:1)

Cuando leo "muchas veces" pienso en constancia y en que Dios nunca ha dejado de hablarnos. Al leer "muchas maneras" viene a mi mente que su voz no se circunscribe sólo al sonido. Esto lo estaré desarrollando en los próximos capítulos.

"En estos postreros días nos ha hablado por el Hijo, a quien constituyó heredero de todo, y por quien asimismo hizo el universo" (Hebreos 1:2).

"El cual, siendo el resplandor de su gloria, y la imagen misma de su sustancia, y quien sustenta todas las cosas con la palabra de su poder" (Hebreos 1:3).

Previamente mencioné que la voz es la misma vida de Dios, y es que la Biblia tiene alto contenido de esta información que les estoy compartiendo, pues no estoy usando otra fuente que no sea la palabra de Dios. El libro de los Hebreos menciona que Él nos está hablando por el Hijo. El evangelio de Juan nos dice que Él es el Verbo. Ese Verbo es la acción que operó desde el principio, que creó todo y sin Él nada existiría. Era la misma vida de Dios que habitó y, añado, que sigue habitando entre nosotros.

Creo definitivamente que la voz de Dios está presente en toda su creación. Sí, en todo lo que nos rodea y ¿qué hace? Pues sustentar todas las cosas. El señor Job da testimonio de lo que acabo de mencionar, lea usted:

Oíd atentamente el estrépito de su voz, y el sonido que sale de su boca. Debajo de todos los cielos lo dirige, y su luz

hasta los fines de la tierra. Después de ella brama el sonido, truena él con voz majestuosa; y aunque sea oída su voz, no los detiene. Truena Dios maravillosamente con su voz; Él hace grandes cosas, que nosotros no entendemos. Porque a la nieve dice: desciende a la tierra; También a la llovizna, y a los aguaceros torrenciales. Así hace retirarse a todo hombre, para que los hombres todos reconozcan su obra. Las bestias entran en su escondrijo, y se están en sus moradas. Del sur viene el torbellino, y el frío de los vientos del norte. Por el soplo de Dios se da el hielo, y las anchas aguas se congelan. Regando también llega a disipar la densa nube, y con su luz esparce la niebla. Asimismo, por sus designios se revuelven las nubes en derredor, para hacer sobre la faz del mundo, en la tierra, lo que él les mande (Job 37:2-12).

Si ha logrado leer estos versos, pero al mismo tiempo recrear en su mente cada evento escuchando el magnífico sonido de la voz de Dios en la naturaleza, lo felicito, pues ha alcanzado un nuevo nivel en la comprensión de cómo es la voz de Dios.

Pero, volveré a formular la pregunta ¿cómo es la voz de Dios? Un niño curioso diría, "¿a qué suena? porque nunca he escuchado esa voz, ¡que yo sepa!" Pues mejor buscamos referencia en aquellos que sí la escucharon y nos dejaron un registro evidente. Lo considero así porque cientos de años separan las épocas en que estos hombres vivieron. Mientras estudiaba a Jeremías, Ezequiel, el salmista y el apóstol Juan, noté que hay similitud en la descripción de cómo suena o a qué es semejante el sonido de la voz de Dios.

Por favor, no olvide que estos son épocas y lugares distintos. Juan en Apocalipsis1:15 describió la voz como "como estruendo de muchas aguas" y como "una gran voz de trompeta". Juan 12:29 dice que la multitud escuchó la voz y dijo que había sido un trueno, mientras otros decían que era un ángel. El profeta Jeremías en el capítulo diez menciona que su voz produce muchedumbre de aguas, pero es Ezequiel quién le pone la guinda al pastel. Veamos Ezequiel 1:24: ***"Y oí el sonido de sus alas cuando andaban, como sonido de muchas aguas, como la voz del Omnipotente, como ruido de muchedumbre, como el ruido de un ejército."*** Note que la semejanza del sonido es con muchas aguas, muchedumbre y ejército, o sea, habla de ruido de estruendo a altos decibeles. Ezequiel 10:15 dice: ***"Y el estruendo de las alas de los querubines se oía hasta el atrio de afuera, como la voz del Dios omnipotente cuando habla".*** Al escribir esto, Ezequiel, pareciera como si todos sus lectores tuvieran claro cómo era el sonido de la voz de Dios porque lo usa como referencia.

Permítame contarle algo. En varias ocasiones he tenido la oportunidad de visitar las Cataratas del Niágara. Estar en ese lugar es impresionante y más si ha podido llegar al túnel donde lo posicionan a usted justo detrás de la catarata. Allí sólo ve el interior de la caída acompañado de un ruido indescriptible creado por los miles de millones de gotas de agua al caer. Esa vista a algunos les sube la adrenalina y a otros, los niveles de estrés. Pero al recordar aquel sonido y meditar en el testimonio de estos personajes bíblicos, puedo imaginar, humanamente hablando, la grandeza, la majestuosidad, la gloria y el poder en la misma voz del Creador.

Antes de concluir este capítulo, quiero dejar aquí dos preguntas que llegaron a mi mente a la hora de contestar la pregunta del tema central. La primera es, ¿Cómo habló Dios en el pasado? Me tomaría mucho tiempo mencionar cada evento bíblico donde leemos sobre cómo habló Dios a todos los personajes bíblicos, así que sólo mencionaré algunos.

A Abraham, le habló personalmente (Génesis 18:33), mientras que Moisés oyó su voz audiblemente en medio de la zarza (Éxodo 3:4). Con Jacob lo hizo por medio de un sueño (Génesis 28:13). A su pueblo escogido le habló a través de profetas. A los apóstoles por medio de su hijo Jesucristo. Hebreos 1:2 dice: ***"en estos postreros días nos ha hablado por el Hijo".***

Podemos estar seguros de que Dios habla por la naturaleza, el universo, mediante sueños, ángeles, profetas, también por su Hijo, por su palabra y por su Espíritu. Así mismo se manifiesta al pensamiento, la conciencia y no dudamos que audiblemente. Quizás usted pueda decir que eso fue para aquella época, la de los profetas y apóstoles.

Es aquí donde expongo la próxima pregunta. ¿Cómo lo escuchamos hoy? La respuesta es la siguiente: hoy tenemos al Espíritu Santo, el mismo de quien Jesús dijo: "***Pero cuando venga el Espíritu de verdad, él os guiará a toda la verdad; porque no hablará por su propia cuenta, sino que hablará todo lo que oyere, y os hará saber las cosas que habrán de venir. Él me glorificará; porque tomará de lo mío, y os lo hará saber"*** (Juan 16:13-14).

Dios no ha cambiado. Él sigue siendo el mismo siempre. Su voz es la misma, o sea, que habla hoy como lo hacía en el pasado, aunque algunos métodos nos parezcan distintos. Me refiero a que hoy tenemos manifestado su Espíritu en nosotros juntamente con su palabra. Estos dos son la máxima autoridad de la voz de Dios en nuestros días. Si escucha alguna voz que no esté respaldada por la palabra de Dios y su Espíritu, le aconsejo que ignore ese sonido; es sólo ruido vestido de religiosidad.

Hoy contamos con su palabra bendita y, a través de ella, el Señor utilizará los métodos correspondientes para hablarnos. Así que antes de encerrarse a esperar la voz audible de Dios, lea y aprópiese de lo que dice Hebreos 4:12:

"Porque la palabra de Dios es viva y eficaz, y más cortante que toda espada de dos filos; y penetra hasta partir el alma y el espíritu, las coyunturas y los tuétanos, y discierne los pensamientos y las intenciones del corazón."

En este pasaje bíblico, cuando se habla de la "palabra" se refiere a la voz de Dios. Personalmente creo que escuchamos su voz cuando leemos la Biblia y, además, cuando por su Espíritu tenemos alguna visión, cántico, impresión, sentimiento, algún pensamiento repentino, o en la serenidad de nuestra mente, pero todo asociado a su palabra escrita y respaldado por su Espíritu Santo.

Dios nos está hablando en todo tiempo; su voz está en todas partes y en todas las esferas de nuestra vida. Mi consejo para usted que desea escuchar la voz de Dios es que afine su atención a la voz del Espíritu por su palabra. Él le dirá lo que debe saber y posiblemente lo haga hablándole a su corazón.

La voz de Dios, ¿cómo es?

"Si oyereis hoy su voz, no endurezcáis vuestros corazones" (Hebreos 4:7).

2

Si Dios me habla, ¿por qué no lo oigo?

Desde muy chico fui a varias iglesias donde asistían algunos miembros de mi familia, pero no fue hasta principios del año 1982 que mi vida cambió para siempre, al tomar la decisión de convertirme al cristianismo. Si bien ya había pasado poco tiempo después de mi conversión, la experiencia, o más bien el encuentro con la cruz, más allá del gozo que estaba viviendo por el cambio, en mí trajo muchas preguntas que me convirtió en un lector ferviente y un profundo investigador de todo lo que tenía que ver con el tema de Dios.

A medida que pasaba el tiempo, adquiría más conocimiento y crecía en sabiduría por causa de la palabra de Dios. Pero pronto llegaron muchas preguntas y siendo honesto, ya casi van cuatro décadas de ese primer encuentro y todavía me hago muchas preguntas. Algunas han sido contestadas, otras no, pues no todo lo tenemos que saber. De hecho, no hay respuestas para todas las preguntas que se formulan en este planeta.

Con el crecimiento también aparecen las necesidades, las vicisitudes y los dolores emocionales que nos seguirán por nuestro peregrinar en esta tierra. Cuando comenzó aquello que se me enseñó que eran pruebas, ya había aprendido a usar la oración como aliciente espiritual.

Muy bonito todo hasta que de repente me doy cuenta que algo no muy agradable estaba ocurriendo; un leve sentimiento de vacío, como que la oración no estaba siendo escuchada. ¿Cómo lo sabía? Estaba en un círculo de desesperación por no recibir contestación. Al principio, sólo pensaba que posiblemente mi contestación a la oración estaba siendo interrumpida por el enemigo. Había leído cuando la respuesta a la oración de Daniel fue interrumpida por el príncipe del reino de Persia por veintiún días, hasta que Miguel, uno de los principales príncipes, vino para quitar lo que estorbaba la contestación a su oración.

> Si no oyes la voz de Dios, quizá estás desubicado. Ubícate en la verdad que es su palabra.

Aferrado a ese pasaje del capítulo diez del libro de Daniel, sólo pensaba que la contestación a cualquier oración tarde o temprano llegaría. Así lo creí por muchos años, hasta que me tocó enfrentar uno de los eventos más desesperantes de mi vida. Me encontraba recién casado y mi esposa estaba padeciendo de problemas en su matriz, por consiguiente, no podía tener hijos. Por alguna razón no me preocupé, pues tenía la suficiente fe para que en cualquier momento ambos recibiríamos un milagro junto con la noticia de que finalmente ella quedara embarazada. Por primera vez me encontraba frente a la petición más grande de mi vida. Queríamos ser padres, así que comenzamos nuestra propia campaña de oración, día y noche, todos los días con mucha fe y hasta regocijados porque Dios contestaría esa oración.

Estaba seguro que Dios no sólo me escuchaba, sino que también en cualquier momento nos estaría hablando acerca de nuestra petición. Me puse a la expectativa de esa palabra que no llegaba y comencé a decir: "¿Señor, por qué no te escucho?, sé que me hablas. Sé que tu voz me llega por medio de tu palabra, pero no te estoy escuchando. Muchas personas alegan que oyen tu voz". De hecho, conocí a muchos que decían que Dios le habló y me preguntaba, ¿por qué yo no lo oigo? Entonces vino a la mente la pregunta, si Dios me habla, ¿por qué no lo escucho?

A partir de ese momento, sin perder la fe en que de alguna manera Dios nos haría el milagro, decidí darme a la tarea de investigar en la Biblia las posibles causas de por qué no podía escuchar a Dios.

> El ser humano tiene todos los elementos necesarios para comunicarse con Dios.

Para eso puse toda mi atención en el momento en que se interrumpe la comunicación entre Dios, Adán y Eva. Vemos que en los primeros tres capítulos de Génesis se presenta un cuadro amplio de cómo Dios se comunicaba con el hombre. Era de forma audible, ¡conversacional! Sólo de pensarlo me emociono por lo maravilloso que creo haya sido esa experiencia. ¿Puede usted sentir lo mismo? ¡Qué gran privilegio del diseño original, producto de la comunión con Dios!

DISEÑADOS PARA COMUNICARNOS CON ÉL

El ser humano tiene los elementos necesarios para comunicarse con Dios y hablo de algo más profundo que decir que tenemos boca. Por ejemplo:

- Un aparato fonador compuesto por laringe, cavidad bucal, labios, lengua, paladar y cavidad nasofaríngea.
- Un sistema nervioso que conecta la parte del cerebro considerada como el centro del habla

Así que tener boca y la habilidad de poder comunicarnos es una obra maestra de nuestro Creador y uno de los regalos más poderosos que Él nos haya concedido. Por eso debemos usarlo con mucha responsabilidad y prudencia. No perdamos de perspectiva que esto lo crea Dios para facilitar la comunicación con Él. Además de esta poderosa herramienta, Dios crea un ambiente donde conversaba íntimamente con el hombre. Eso lo vemos en Génesis 2:8 donde dice: ***"Y Jehová Dios plantó un huerto en Edén, al oriente; y puso allí al hombre que había formado"***.

Notemos algo sumamente importante aquí, pues dice que Dios plantó, o sea, sembró, cultivó o preparó un huerto. Muy diferente a "creó" o "dijo". El verso siete dice que ***"Dios formó al hombre del polvo de la tierra"***. En mi opinión, se trataba de su obra de arte en la que intervino, su máxima creación, el ser humano, pero no dijo hágase un huerto, sino que lo formó, no sabemos a ciencia cierta cómo, pero lo que aquí nos compete es que le dio forma.

No era un mero jardín para flores, sino un huerto de plantas que dan semillas. El jardín era independiente del resto de la tierra, pues tenía como propósito ser como un lugar santo lleno de toda bendición material y espiritual. Sería la zona de intimidad de Dios y el hombre.

Era un paraíso con todos los recursos necesarios. Vea el verso nueve: ***"Y Jehová hizo nacer de la tierra todo árbol delicioso a la vista, y bueno para comer; también el árbol de la vida en medio del huerto, y el árbol de la ciencia del bien y del mal"***. Como sacado de una película, este lugar era el hogar del hombre; de allí salía bendición para toda la tierra, no al revés. Hoy las personas andan desesperadas buscando la bendición fuera de su hogar. Adán y Eva eran tan bendecidos que de su casa salía la bendición a su entorno. El verso diez dice: ***"Salía de Edén un río para regar el huerto, y de allí se repartía en cuatro brazos"***. Si tuviéramos la oportunidad de mirar de cerca aquel lugar notaríamos que todo era bendición tras bendición, pero ¿a qué se debía todo esto?, ¿qué provocaba tanta felicidad, estabilidad emocional y espiritual? ¡Todo era fruto de la comunión! Porque el huerto era comunión, veámoslo de esta forma, Adán y Eva estaban en unión común con Dios.

En el huerto la conversación entre Dios y los seres humanos era constante y, sobre todo, natural. La armonía con todas las cosas era algo indescriptible, tanto que no cabe del todo en nuestra mente, pues Adán era señor de todas las cosas en la tierra. Su voz tenía características divinas de señorío debido a que todo obedecía su voz, no sólo porque vivía en el huerto, sino porque estaba en perfecta comunión con su Creador.

Todo era perfecto hasta este momento, pero los residentes de Edén estaban a punto de recibir la visita de un forastero de presencia no muy agradable, con intenciones bien planificadas de opacar el plan de Dios para la humanidad.

SONABA A DIOS, PERO NO ERA DIOS

Esto es similar a la problemática de hoy donde tantas personas aseguran que Dios les está hablando y otros que dicen que a cierta persona la usa Dios hablando de forma poderosa. No sé si algunos están en lo cierto, pero lo que sí sé es que hay muchas y distintas voces hablando en nombre de Dios sólo para satisfacer su ego y sus agendas personales. Existe mucha manipulación mental allá fuera; por eso en ocasiones la razón y la lógica nos suenan como a Dios. En el caso de Edén, el enemigo en su plan antagónico utilizó estos elementos para usurpar la voz de Dios con la suya. ¿No es esto lo que sigue haciendo en este tiempo?

Su plan siempre ha sido **no** cambiar el mensaje, sino alterar su significado. Al lograrlo, corrompe por completo la pureza de lo que Dios dijo. Por eso es imperativo que al escuchar o dar un mensaje divino este debe estar respaldado totalmente a la palabra de Dios. La mínima distorsión, añadidura o disminución del mensaje cambia la esencia del mismo y, por consiguiente, deja inoperante la virtud creadora con la que fue enviada. Lo más cercano que tenemos a la voz de Dios hoy es su palabra escrita, cuyo propósito es enseñar, redargüir, corregir e instruir en justicia. Eso lo enseñó Pablo a su discípulo Timoteo y es para nosotros de igual manera.

Veamos el cuadro más a fondo, así que tomemos parte del registro al principio de todas las cosas. Dice Génesis 3:1: ***"Pero la serpiente era astuta, más que todos los animales del campo que Jehová Dios había hecho; la cual dijo a la mujer: ¿Conque Dios os ha dicho: no comáis de todo árbol del***

huerto?" ¿Pudo haber sido natural que algunos animales hablaran? No lo sabemos. La ciencia quizás pueda probar que no, pero lo que sí sabemos es que esta serpiente habló, con un llamado a la razón, saturado de engaño y medias verdades.

Y aunque Eva, *posiblemente,* con autoridad citó lo que Dios había ordenado, su desenfoque a la voz que se paseaba en el huerto y el encanto de aquel que probablemente le habló con dulzura a la razón, lograron que, por primera vez en el planeta creado, naciera lo que hoy conocemos como duda. Esta es la causante principal de tanta ambivalencia en los seres humanos. Aquella voz era nueva,
diferente, conmovedora y con una retórica seductora que atrapó la atención de alguien que sólo tenía oídos para Dios. Aquella voz distorsionó la verdad de Dios en el hombre creando distancia entre ellos.

Ahora, la distancia provocada por aquel creador del mal la conocemos como "pecado". Este cerró las puertas de la comunicación directa e interrumpió la vida abundante del hombre con Dios. En el momento en que Jesús llevó nuestros pecados a la cruz, cargó en su cuerpo la culpa que le correspondía a la primera pareja y a toda su descendencia. Mateo 27 registra que, en ese momento, toda la tierra se llenó de tinieblas, como el día en que Adán y Eva se llenaron de dudas provocadas por la distancia entre ellos y Dios. El fruto de aquella conversación que nunca debió ser estalló con fuerza en la voz desesperante del Hijo de Dios, colgado en una cruz, cuando hizo la pregunta que debió haber hecho la primera pareja: ¿Por qué me has desamparado?

La comunión que existía entre el Padre y el Hijo por un momento se vio interrumpida. ¡No es para menos! Esto, no por causa del Hijo y menos por el Padre, sino por la naturaleza de pecado que estaba sobre el Hijo. Así lo dice Pablo en segunda de Corintios 5:21: ***"Al que no conoció pecado, por nosotros lo hizo pecado, para que nosotros fuésemos hechos justicia de Dios en él"***.

Aunque, Dios, en su misericordia al final del día llevó la culpa en sí mismo de lo que allí ocurrió, retornemos al huerto, el lugar de comunión, para recapitular lo que realmente sucedió.

LA VOZ DE DIOS SEGUÍA EN EL HUERTO

Notemos en Génesis 3:8, que ellos escuchaban la voz de Dios que se paseaba en el huerto. Estaba allí, en el lugar acostumbrado, el de la intimidad y el de la comunión. De allí los llamó a cuenta.

El verso veintitrés nos muestra la consecuencia de haber escuchado una voz diferente a la de Dios. El hombre fue expulsado del huerto, del lugar donde había sido diseñado, su hábitat, de la casa espiritual, su lugar de comunión y de la intimidad con el Padre. Luego se cerró toda fuente de privilegios y comunicación directa que era concedida por la pureza de la comunión con Dios.

A pesar de estas sanciones, ¿cesó Dios de hablarle al hombre? Como en el huerto sí, pero en su misericordia fue proveyendo diversos sistemas para hablarle. No como en Edén, podemos encontrar que su voz nos habla en la naturaleza, el universo, los sueños, sus profetas, los mismos ángeles, su palabra y, por supuesto, el Espíritu Santo.

Entonces, me sigo preguntando, y quizás ustedes también, **Si nos sigue hablando, ¿por qué no lo escuchamos?**

Sé que podemos hacer una gran lista de posibles razones por las que no estemos escuchando a Dios. Entre ellas mencionaré cuatro que me resultan familiares, sea por vivencia o porque las he visto repetidas veces en personas cercanas a mí.

1. Demasiado ocupados en los asuntos cotidianos

No es que no seamos conscientes de las responsabilidades en nuestro diario vivir, más bien me refiero a que nos sumergimos tanto en esas tareas que descuidamos la vida en el espíritu.

¿Se acuerda? ¡La comunión! Cuando usted se preocupa demasiado por sus asuntos, tiene el control de ellos, o sea, ya no es Dios, sino usted, lo que al final termina en desorden y caos.

Romanos 6:8 dice: ***"Porque el ocuparse de la carne es muerte, pero el ocuparse del Espíritu es vida y paz"***. La muerte aquí es la separación, la distancia que experimentaron los inquilinos del huerto. Mientras que la vida y paz es la restitución brindada por Jesucristo.

En Lucas 10:38-42 Jesús mismo nos enseña sobre la preocupación, que nos impide escuchar lo que Dios nos está hablando. Este pasaje relata que Marta recibió a Jesús en su casa. ***"Esta tenía una hermana que se llamaba María, la cual, sentándose a los pies de Jesús, oía su palabra. Pero Marta se preocupaba con muchos quehaceres, y acercándose, dijo: Señor, ¿no te da cuidado que mi hermana me deje servir sola? Dile, pues, que me ayude. Respondiendo Jesús, le dijo: Marta, Marta, afanada y turbada estás con muchas cosas. Pero una sola cosa es necesaria; y María ha escogido la buena parte, la cual no le será quitada"***.

El fin de este asunto es que María escogió la buena parte de escuchar la palabra de Jesús primero, antes que todo lo demás. Ocuparse de los asuntos de Dios nos posiciona en la comunión del huerto.

¿Por qué no oigo a Dios?

2. Algún pecado sin resolver

Mientras la comunión con Dios no sea interrumpida, todo marchará bien en nuestro ser, pues vivimos en paz y armonía con Él. Independientemente de todas las pruebas y vicisitudes que podamos estar enfrentando, tenemos comunión con el Espíritu, hasta que nos desenfocamos, pecamos y reincidimos en el error. ¿Qué cree que va a pasar? Muchas veces sin que nos demos cuenta operamos en automático sin discernir que nuestra comunión con Dios está afectada. Pensamos que el Señor está a cargo de nosotros, pero la realidad es que quedó a un lado. Por cuanto la luz y las tinieblas no tienen comunión entre sí, tampoco Dios y el pecado. Ya vimos el ejemplo del huerto y el de Jesús en la cruz, así que sobreentendemos que el pecado distorsiona la comunicación con Dios.

¿Dios me está hablando? ¿Por qué no oigo su voz?

3. No la reconocemos

Jesús dijo que sus ovejas oyen su voz y le siguen, y es que, en lo natural, cuando un pastor emite su voz a su rebaño, las ovejas saben quién les habla y le obedecen. ¿Qué sucedería si ese pastor intercambia sus vestimentas con otra persona y el impostor le da una orden al rebaño? De seguro, ningún animalito se moverá, porque, aunque se parece al pastor, no es la misma voz, así que no es él. Eso mismo sucede con los seguidores de Jesús. Reconocemos su voz porque tenemos comunión con él y operamos en su Espíritu, además que conocemos su palabra.

Hay una historia en primera de Samuel 3:3-10 que arroja mucha luz sobre este tema de reconocer la voz de Dios. El joven Samuel escuchó que alguien lo llamaba mientras dormía. Pensó que era el sacerdote Elí, de modo que se levantó y fue donde él para ver qué quería. Esto pasó por tres ocasiones, así que el sacerdote comprendió que la voz que llamaba al joven era Jehová.

Elí le dio instrucciones al joven para que cuando escuchara la voz por cuarta vez, respondiera con el conocimiento de que quien lo llamaba era Jehová Dios.

Samuel no conocía a Dios en forma personal. Esta era su primera comunicación directa con su Creador, por tanto, para propósitos de su destino, era importante que el joven supiera que Dios le hablaba y le conocía por su nombre. Este joven aprendió la humildad, la obediencia y que, además, Dios sigue hablándoles a quienes obedecen y reconocen su voz.

Para reconocer la voz de Dios, primero necesitamos una relación genuina con Él, en la forma como la tuvieron Adán y Eva en la zona de comunión del huerto. Esa relación es propiciada por Dios, mas debe ser cultivada por nosotros.

Si en realidad Dios me habla, ¿por qué no lo oigo?

4. Dependencia en otras voces

Aunque es una de las muchas razones por las que algunos no escuchan a Dios, pienso que es una de las más relevantes y que más afecta a muchos cristianos hoy.

¡Lo insólito es que pueden ser voces teológicas! Existen muchos interpretando la Biblia a su manera y hasta por conveniencia, posicionando en primer lugar las vagas enseñanzas que tuvieron cuando aprendían los rudimentos de su fe basados en reglas de hombre y movimientos religiosos, que hoy tienen como autoridad máxima. Sí, otro evangelio por encima del evangelio de Cristo.

También están las voces racionales, así como el lenguaje de la serpiente antigua, la elocuencia, la ciencia y el romance intelectual que con palabrerías y gnosticismo encantan a sus seguidores y a todo el que quede lamentablemente expuesto a su mensaje. En Génesis vemos a Eva dependiendo de la voz de un animal. ¿Por qué razón? Quizás buscando lógica.

En las redes sociales y en los medios de televisión vemos mucho adoctrinamiento a las masas con razonamiento basado en su propia concupiscencia.

¿Y qué me dice de las voces emocionales? Aquellas que apelan al sentimiento humano, que saben ir libre a los culpables y acusar a los inocentes. Sí, esas voces están por todos lados, desde políticos, cantantes, los llamados *influencers* que están en las redes sociales y hasta en los líderes religiosos. Se escuchan por todos lados hablando en nombre del amor, de la libertad y en nombre de todos los derechos que tiene la sociedad. Para ello se utilizan los sentimientos de las masas, y créame que mediante la televisión y las redes logran engañar, así como lo hizo el forastero del Edén.

Israel prefería escuchar otra voz distinta a la de Dios en su conciencia, tanto que rogaban que la voz no les hablará más, porque no podían soportar lo que se les ordenaba. Hebreos12:19-20 nos muestra cómo este pueblo, ya fuera por temor o conveniencia, prefería escuchar a su líder Moisés antes que a Dios directamente. Por eso le dicen a Moisés: ***"Acércate tú, y oye todas las cosas que dijere Jehová nuestro Dios; y tú nos dirás todo lo que Jehová nuestro Dios te dijere, y nosotros oiremos y haremos"*** (Deuteronomio 5:27).

Estos querían depender de la voz de Dios con el único propósito de evadir responsabilidad. Hay algo que debemos dejar claro y es que jamás podremos escuchar la voz de Dios si dependemos de la del hombre, sea profeta de bien o predicador del mal, cualquier ser elocuente que sólo habla de prosperidad, de riquezas o abundancia sin tocar la conciencia y el pecado.

En Edén cambiaron muchas cosas y, por supuesto, también la forma en que Dios hablaba con el hombre. Aquel visitante logró capturar la atención de los hijos de Dios y no sólo esto, logró distorsionar para siempre la comunión de ellos con su Creador. He imaginado estar en aquel lugar siendo testigo del evento más triste en la vida de la primera pareja y ver cómo no sólo la presencia, sino la voz audible de Dios se iba retirando paulatinamente. Posiblemente se podía sentir en el ambiente un vacío insoportable, la misma naturaleza cambiando su orden original mientras la gloria de Dios dejaba de brillar en el campo.

Aunque la palabra de Dios seguía fluyendo en todo lo que Él había creado, ciertamente aquel privilegio de verlo y escucharlo en primer plano se estaba desvaneciendo lentamente. Me pongo en el lugar de Adán y, aunque mi imaginación se queda corta, sólo de pensarlo se entristece mi alma. En mi mente no cabe la experiencia que ellos tuvieron al desobedecer, pero sí el presenciar la retirada de la voz que un día los cubría con su grandeza y majestad.

No era sólo la voz, la comunicación o el tipo de conversaciones que tenían constantemente con Dios, sino la experiencia espiritual que podían sentir mientras estaban hablando con su Creador: el gozo, la paz, la vida misma, la densidad de la presencia de Dios en aquel lugar.

Nada en este mundo podría superar aquella gloriosa experiencia, pues aún en nuestra naturaleza caída y ahora renovada por el Espíritu, podemos comunicarnos con Dios y experimentar quizás una pizca de lo que Adán y Eva vivieron en el huerto.

Aun así, muchas veces y después de sentir su presencia hablándonos, llega un momento donde pensamos que el Señor dejó de escucharnos y nosotros a Él. En realidad, nunca se trata de que Dios dejó de hablarnos; más bien el problema estriba en que nosotros dejamos de escucharle.

Si tomamos de ejemplo la razón principal por la cual la primera pareja dejó de escuchar a Dios como en el principio, conoceremos que hay un común denominador que está presente hoy, como lo estuvo en aquella oscura conversación entre la serpiente y la mujer. Se trata del desenfoque, de todo lo que le desvía de atender el consejo y la palabra de Dios.

El desenfoque tocó el corazón de la mujer y su marido. Primero porque dieron lugar a un sonido extraño, muy distinto al que estaban acostumbrados a escuchar, aunque cabe la posibilidad de que aquel ser que sembró la duda en la pareja, se las ingenió para sonar semejante a Dios. Recordemos lo que dice el apóstol Pablo en 2 Corintios 11:14: ***"porque el mismo Satanás se disfraza como ángel de luz"***. Así que el engaño no fue a medias, la mentira se vistió de luz, de religiosidad, sacó la verdad de su sencillez y la posicionó en un altar de grandeza. Esto lo hizo utilizando herramientas humanas como la razón para desenfocar de una vez y por todas a quienes estaban determinados a escuchar y obedecer la voz de su Creador.

Si no escuchas a Dios, mientras habla, posiblemente estés atendiendo voces extrañas a la voz del Espíritu y su palabra. Debemos tener sumo cuidado a quién le prestamos nuestro oído y atención. Dios nos habla de muchas maneras, pero sólo lo escucharemos en el huerto. No en aquel donde una vez expulsó a Adán y Eva, sino en el que el segundo Adán, entiéndase Cristo Jesús, cultivó para nosotros dándonos acceso directo. Ese huerto que es la vida en el Espíritu. Es la zona que cultivamos y protegemos. Ahí nos multiplicamos, mantenemos comunión unos con otros y es ahí donde Dios nos habla directamente. Si no oyes la voz de Dios, quizá estás desubicado. Ubícate en la verdad que es su palabra. Jesús le dijo a Pilato: ***"Todo aquel que es de la verdad oye mi voz"*** (Juan 18:37).

3
Expectativas erróneas acerca de Dios

A principios de la década de los setenta, siendo aún niño, fui testigo de las dos primeras campañas evangelistas del conocido predicador Yiye Ávila. Después de su ayuno de 40 días, no tenía idea de qué se trataba todo esto, pues no conocía a Dios ni tampoco aquellas celebraciones que hacían los miembros de la comunidad cristiana. Tampoco asistí porque quería, sino más bien porque algunos en mi familia eran miembros de la iglesia evangélica, así que me llevaban de todos modos.

Recuerdo una campaña en Levittown como si fuera hoy. Aunque no entendía lo que hablaba el predicador, algo cautivaba mi atención. Para esa época yo tendría algunos ocho años, así que mi atención no estaba necesariamente en el mensaje de la noche. Fue en un evento realizado en un estadio de béisbol de mi pueblo, en Bayamón Puerto Rico, donde experimenté algo que no podía comprender en aquel momento, y no fue hasta años después que entendí lo que había pasado esa noche.

Permítame contarle un poco la experiencia. Yo era un niño. Me encontraba sentado en las gradas del estadio observando a miles de personas reaccionando con mucha alegría y algarabía a lo que aquel predicador decía. Mi tío Héctor me decía que me levantara del asiento, que Dios había comenzado a sanar gente, pues yo padecía de infección en mi oído derecho y él esperaba que el Señor hiciera el milagro en mí, como lo estaba haciendo con los miles allí presentes.

Yo continuaba sin entender nada de lo que allí pasaba. Sólo obedecí. Me puse de pie y de repente, veo que comienza una leve llovizna a descender sobre aquel lugar, pero era diferente. Lo que yo estaba viendo en ese momento nunca más lo he vivido. La lluvia caía en un orden de alineamiento sorprendente; cada gota perfectamente alineada con las demás y su caída era similar a la de la nieve que se desplaza en el aire sin prisa por caer. Mientras la llovizna caía, en la gente ocurría algo extraño, el predicador hablaba con más denuedo, autoridad y lo que aprendí después, que mientras caía aquella lluvia perfecta, el lugar se saturaba de más unción.

En mi mente analizaba lo que allí ocurría y en un momento dado llegué a la conclusión de que la vida cristiana era perfecta, pues allí todo era gozo, regocijo, alabanzas a Dios. No había quejas, lamentos, ¡todo era perfecto! Así que inmediatamente decidí que allí quería vivir el resto de mis días, porque en el cristianismo no había dolor, enfermedades ni problemas. ¡Qué ilusión tan grande tenía de niño!

Cuando el hermano Yiye dijo que todo aquel que quisiera llevarse a Cristo en su corazón saliera de su asiento y pasara al frente, mis tíos me miraron y me preguntaron si yo quería aceptar. Asentí con mi cabeza porque estaba seguro que aquella experiencia seguiría conmigo para siempre.

Cuando llegué a la casa noté que todo seguía igual, que aquella experiencia, aunque maravillosa, sólo fue un tiempo de visitación del Espíritu que no comprendía en aquel momento. No podía entender que aquellos miles de creyentes en el estadio tenían vidas comunes y corrientes, padecían enfermedades, problemas y luchas cotidianas como todo ser humano. Que aquello era un momento de refrigerio que Dios le regalaba a su pueblo cuando se une y lo adora en Espíritu y verdad.

Alguna vez escuché que el cristianismo no era un camino de rosas, ni como un cuento de hadas; que los cristianos sufren y padecen como el resto de la población y hasta más por causa de Cristo. Les confieso que eso lo aprendí mucho tiempo después, y pienso que sigo aprendiendo, que cada día llevo mi propia cruz hasta que sea llamado a la eternidad.

No, no es fácil asociar gozo con dolor, bienestar con incomodidad y fe con decepción. Quizá algunos piensen: ¡Imposible! ¡Dios nos libra de todo mal! Y cantan aquel coro que aún resuena en mi mente:

Feliz, yo soy Feliz porque Cristo me salvó,
Ahora canto alegre porque Cristo mi alma rescató
Volver atrás no puedo más,
porque el mundo nada me puede dar,
Feliz, yo soy feliz, porque Cristo me salvó.

Si usted, querido/a lector/a, es de mi época, estoy seguro que lo cantó con gozo en el corazón, pero también sabiendo que, aunque somos felices en Cristo, estamos en un mundo que produce mucho dolor cada día. Nuestro Señor nos enseñó en Juan 16:33 lo siguiente: ***"En el mundo tendréis aflicción; pero confiad, yo he vencido al mundo"***.

¿Pudo notar la asociación entre las palabras **aflicción** y **confianza**? Esto ha estado todo el tiempo en la Biblia.

Dios nos lo ha dicho repetidas veces. Entonces, ¿qué nos hace tener ideas equivocadas de lo que el Señor dice? ¿Por qué muchos son capaces de hacerle un itinerario a Dios o incluso hasta ordenarle lo que tiene que hacer? Todo se debe a la información incorrecta que han recibido, a una estructura teológica débil que impide tener una comprensión amplia de lo que el Señor nos quiere comunicar a través de su palabra.

Los seres humanos, por naturaleza, tenemos la tendencia de equivocarnos, mal interpretar, tergiversar conceptos, ideas y toda clase de información a la que somos expuestos.

> Como seguidores de Cristo, no sólo aprendemos a adorar; también se nos enseña a ser resilientes, guerreros capaces de sobrevivir en las batallas más tensas y crueles que nos enfrentamos a diario.

Entre los temas de equivocación, Dios no es la excepción. Basta con mirar alrededor o buscar en el internet cuántas creencias existen hoy que se derivan de la misma Biblia. No hay que profundizar tanto; miremos un poco más cerca. En nuestras familias tenemos diversidad de opiniones respecto a Dios y su palabra.

La mayor parte de las personas que dicen conocer a Dios en algo puede que se equivoquen respecto a Él y, por consiguiente, se decepcionan con Él. Para afirmar este último comentario, analicemos el caso de personas que lo conocieron íntimamente.

MARTA Y MARÍA

Aunque ya las había mencionado en el capítulo anterior, voy a profundizar un poco más, esta vez sobre la cercanía que tenían con el Maestro. Eran tres hermanos, amigos de Jesús: Lázaro, Marta y María. Esta historia está registrada en el evangelio de Juan capítulo once. El primer verso nos dice que Lázaro estaba enfermo. Más adelante sus hermanas enviaron la noticia a su amigo Jesús. De seguro si hubiese sido una simple gripe o dolor de estómago, ellas se hubiesen encargado con algún remedio casero, pero no, esto era preocupante, pues requería de ayuda divina.

Estos hermanos que conocían la vida y ministerio de Jesús estuvieron presentes en tertulias, pláticas y presenciaron milagros de todo tipo bajo el ministerio del Señor. Me atrevo a decir que eran miembros, colaboradores y servidores del grupo que seguía al maestro. Esto para poder comprender un poco más la relación entre ellos.

Ahora bien, detrás de toda esa familiaridad y amistad, como en toda relación social y/o personal, se crean expectativas. Es decir, que, aunque usted diga que no espera nada a cambio de cierta amistad o relación que tenga con alguien, en el fondo, siempre hay un grado de reciprocidad. En vista de esto, habría que preguntarse, ¿qué esperaban las hermanas de Lázaro que Jesús hiciera? ¡Exacto! Que Jesús llegara de inmediato, orara por su hermano y lo sanara.

Ellas estaban convencidas de que así sería. Era su fe. Nada ni nadie las movería de esa creencia, porque lo habían visto.

Por eso creían en Jesús, hasta este día que su teología fue sacudida por esta crisis familiar. Hay personas que son como Marta y María, buenos creyentes mientras todo esté bien. Si hay abundancia y salud, creen en la sanidad divina siempre y cuando nadie de su familia tenga que pasar por una enfermedad terminal o fallezca.

En mi vida de adulto, ya convertido y siguiendo los caminos del Señor tuve la oportunidad de realizar distintos viajes misioneros con otros pastores y algunos miembros de la iglesia. En uno de nuestros viajes visitamos a Guatemala. Después de un evento de predicación se acercó una jovencita y llorando me decía que ella no creía en Dios, que todo era un cuento de hombres. Le pregunté que por qué pensaba así, a lo que me respondió que era debido a que Dios se llevó a su madre y que ella le había rogado que la sanara y Él no lo hizo. De más está decir que no fue fácil hacerla comprender lo que era la soberanía divina.

En muchas ocasiones nos encontramos con personas que están pasando alguna crisis y tienen preguntas que humanamente no podemos contestar. En ese momento de conversación con aquella joven me sentí en una encrucijada, pues era yo para ese entonces un joven y novato predicador sin ninguna experiencia en consejería, así que obligatoriamente dependía del consejo de Dios en mí. Tengo que decir que mientras ella me contaba su situación, en mi mente pedía al Dios del cielo que pusiera las palabras correctas en mi boca con el fin de restaurar aquel corazón que sólo estaba dolido por la ausencia física de su madre. Quizás me faltaba la preparación en consejería en ese momento, pero de algo estoy seguro, que mi fe en Dios y la palabra era gigantesca. Estaba siempre a la expectativa de un milagro, pues era lo único que pasaba por mi mente mientras visitaba los países a los que Dios me llevaba. Fue un momento tenso, pero al final el Señor se glorificó y aquella joven comprendió por el Espíritu y la palabra el propósito divino.

DIOS OPERA COMO QUIERE

Regresando al relato de Lázaro y sus hermanas, cuando Jesús oyó que Lázaro estaba enfermo, no corrió. Tampoco se desesperó, y no le faltó la fe. Al contrario, a los ojos de los que con él estaban parecía despreocupado, tanto que Juan 11:6 dice que se quedó dónde estaba por dos días más. No sé usted, pero cuando leo este relato no puedo evitar sentir la ansiedad y la impotencia de estas hermanas ante la gravedad de Lázaro.

Muchas personas entrarían en angustia, pánico o desespero. Algunos correrían hasta llegar al lugar donde se encontraba Jesús a gritar y exigir por la Biblia, citando todos los versos de sanidad, reclamando u ordenando que aquel joven regresara a la vida. Sé que cada experiencia es distinta. Los seres humanos no reaccionan igual a los problemas. Hay quienes se frustran y tiran la toalla. Otros se resignan y siguen sus vidas. Algunos cabizbajos, otros dispuestos a lidiar con el dolor toda la vida.

Pero Marta y María esperaban algo diferente, una experiencia distinta. Eran testigos oculares de las bondades de Dios por medio de Jesús, así que su percepción del problema era que al llegar su amigo Jesús, su hermano regresaría a un perfecto estado de salud. Ellas, al no ver cumplidas sus expectativas, se decepcionaron. Ese sentimiento se tornó en murmuración y luego en reclamo. Lo veremos a continuación. Ya habían pasado cuatro días. Otras personas llegaban, pero no el que ellas esperaban con ansias. ¡Vaya qué amigo! Dirían algunos, estando tan cerca, no vino.

¿Puede percibir la actitud de ellas ante la frialdad de su amigo?

¡Ah, pero eso no se quedará así, lo vamos a confrontar y tan pronto sepamos que viene en camino le saldremos al encuentro! Esta cita no está en el relato, sino que nació en mi mente porque es una reacción normal que tendríamos si estuviéramos en las sandalias de estas hermanas. El verso veinte dice que cuando Marta oyó que Jesús venía, salió al encuentro, pero María se quedó en la casa. Marta para reclamar y María por la ofensa.

¡LE RECLAMARON!

El capítulo 11, versículos 21 y 32 nos muestran cómo ambas hermanas, por separado, le reclamaron a Jesús por no llegar rápidamente donde Lázaro.

"Y Marta dijo a Jesús: Señor, si hubieses estado aquí, mi hermano no habría muerto" (Juan 11: 21).

"María, cuando llegó a donde estaba Jesús, al verle, se postró a sus pies, diciéndole: Señor, si hubieses estado aquí, no habría muerto mi hermano" (Juan 11:32).

¿Recuerdan que Marta era la mujer afanada, de fuerte temperamento, la que confronta de frente y no baja la cabeza? La misma que salió al encuentro de Jesús. La puedo imaginar de pie, mirándolo con rostro firme y dolor emocional. Su reclamo fue: "si hubieses estado aquí, mi hermano no hubiera muerto". Note que hizo primero mención de su hermano y luego de la crisis.

En cambio, María, la que a los pies del maestro oía su palabra, cuando llegó y lo vio, se postró a sus pies. Aquí vemos que reclamó, pero lo hizo con humildad en medio de un acto de adoración. Diferente a Marta. María mencionó la crisis que les llegó y luego a su hermano, sus palabras fueron: "no habría muerto mi hermano".

De ellas aprendemos que el grado de tu adoración determina tu confianza en Dios en medio de la crisis. No es complicado entender que mientras más intensa y profunda es nuestra relación con Dios, más capacitados estaremos para enfrentar las circunstancias adversas de la vida. No obstante, quien piensa que la adoración es un pasatiempo innecesario ciertamente no comprende la investidura de Dios en el corazón de quién adora y que en el fuego de las pruebas tal adorador es sustentado por la providencia divina.

No así quien es reactivo a cada circunstancia que se le cruza en el camino. Aclaro que todos padecemos y que el sufrimiento es de humanos, no importa si crees en Dios o no, pero definitivamente quien le cree, le sirve y le adora estará seguro que el Señor no lo dejará en angustia cuando llega el día difícil. Esto es exactamente lo que vemos en el estado tormentoso de las hermanas de Lázaro.

Nos podemos preguntar, ¿cuál es el propósito que tiene Dios en todo esto? Está claro en el verso cuatro: "Oyéndolo Jesús, dijo: Esta enfermedad no es para muerte, sino para la gloria de Dios, para que el hijo de Dios sea glorificado por ella".

Ciertamente la perspectiva de Dios es muy diferente a la nuestra. Contrasta con nuestras expectativas o nuestro sistema de creencias, esos archivos mentales que muchas veces interrumpen el propósito de Dios en nosotros y que al estar internamente arraigados al subconsciente pasamos por alto los pequeños detalles que nos hablan o indican que el Señor está operando un milagro en nuestras vidas.

La creencia limitante de ellas era que, si Jesús hubiera estado allí, su hermano no estaría muerto. El pensamiento y propósito divino era otro, uno mejor, que al final los llevaría a glorificar a Dios, al mismo tiempo que era difundido el mensaje de salvación a todo el que viera y escuchara lo que el Señor Jesús hizo con su amigo Lázaro.

LOS DISCÍPULOS

Nadie conocía más la dinámica del ministerio de Jesús que los discípulos. Podemos decir que él se les reveló por completo. Les mostró las cosas más íntimas del reino y les comunicó las profundidades de su palabra dotándolos del poder sobrenatural del Espíritu Santo para que pudieran continuar la obra de evangelización mundial.

En una ocasión, después de una comida que resultó ser una extraordinaria y milagrosa cena, Jesús les dice a sus discípulos que tomaran una barca y se adelantaran a otra ciudad mientras el despedía la gente. Ellos así lo hicieron. De seguro compartían entre sí impresiones de todo lo que vieron en aquella cena improvisada que marcó sus vidas para siempre. ¿Se imagina cuántas preguntas o los argumentos de cada uno de los que presenciaron el milagro de la multiplicación?

El tema era uno de esos que parecieran no tuviera fin, pues para algunos no era posible razonar semejante milagro. Quizás sumidos en esa conversación y mientras les cubría la noche ya estando en el medio del mar y mientras Jesús estaba solo, habiendo despedido a todos, se apartó para orar. Después de esto quiso adelantárseles, pero vio que ellos, por causa del fuerte viento que les era contrario, remaban muy cansados. El Señor llegó a ellos caminando por encima del mar.

Veamos textualmente los siguientes tres versos del libro de Marcos 6:49-51:

Viéndole ellos andar sobre el mar, pensaron que era un fantasma, y gritaron; porque todos le veían, y se turbaron. Pero enseguida habló con ellos, y les dijo ¡Tened animo; ¡yo soy, no temáis! Y subió a ellos en la barca, y se calmó el viento; y ellos se asombraron en gran manera, y se maravillaban.

Les recuerdo que no había pasado mucho tiempo desde que tuvieron una experiencia algo parecida a la que acababan de vivir, la diferencia es que en la primera Jesús estaba con ellos en la barca, y aunque durmiendo, se levantó y reprendió los vientos. Y aunque estaban conociendo milagros a grandes escalas, todavía eran seres humanos capaces de dudar aun teniendo al hijo de Dios en persona.

Entonces, seguían teniendo expectativas acerca de Jesús. Estas eran que ellos pasarían al otro lado sin novedad. Pero ahora deseaban que Jesús apareciera y los socorriera inmediatamente, y no tanto de la tempestad, sino del fantasma que se les había aparecido. Probablemente pasaron muchas horas de angustia en las que sintieron decepción e impotencia. Los seguidores de Jesús en aquel momento estaban siendo sometidos a rigurosas pruebas de fe. Estas pruebas eran necesarias para poder cumplir con la misión de difundir el evangelio y representar al reino que el Señor estaba estableciendo en cada uno de ellos. Se acercaba la hora de la partida de Jesús de este mundo y había que dejar un consulado bien establecido.

¿Se imagina qué hubiese pasado si el Señor al momento de su partida física sólo nos dejara un grupo de hombres y mujeres cobardes y perdedores ante situaciones adversas? Hoy nos queda claro que, para ser seguidor de Cristo, no sólo aprendemos a adorar. También se nos enseña a ser resilientes, guerreros capaces de sobrevivir en las batallas más tensas y crueles que nos enfrentamos a diario.

Lamentablemente muchas personas cuando están en medio de la crisis, cuando sienten miedo por catástrofes naturales o pierden a un ser querido por diferentes causas, le reclaman a Dios y algunos le culpan por los males que le han llegado. Los seguidores de Jesús no fueron la excepción, pues, aunque no sabemos lo que pasaba por sus mentes eran seres humanos como cada uno de nosotros.

El propósito del Maestro era enseñarles que en las circunstancias adversas Él no les dejaría perecer, y que, además, tiene control de ellas. Pero otra vez sus expectativas eran erróneas. ¿A qué se debe que nuestras expectativas acerca de Dios sean muchas veces erróneas? Permítame enumerarlas y explicarlas

1. Nuestros pensamientos contrarios

Isaías 55:8: ***"Porque mis pensamientos no son vuestros pensamientos, ni vuestros caminos mis caminos, dijo Jehová"***.

Queda claro que no pensamos como Dios, que no le conocemos como Él anhela que lo hagamos, que aun creyendo y confesando que tenemos la mente de Cristo le fallamos mucho a su palabra.

Son tantas las opciones que tenemos para hacer cosas en nuestro diario vivir que siempre dejamos el consejo bíblico como último recurso.

Nuestra naturaleza humana aun escucha aquella voz del huerto que cuestionaba la palabra del Creador diciendo: "¿conque Dios dijo…?" Esto es una lucha diaria que el creyente tiene que librar, no dejando que su naturaleza carnal domine y sometiendo todo pensamiento a la obediencia de Cristo.

Es así como podemos comenzar a alinear nuestra mente con la de Él. De lo contrario, no importa cuánto sepamos de la palabra, cuál haya sido nuestra experiencia sobrenatural o cuántos grados académicos hayamos obtenido. Nuestra sabiduría quedará inoperante y así también nuestra perspectiva acerca de Dios.

2. Ignoramos sus propósitos

Se establecen expectativas equivocadas cuando la noción de lo que son los propósitos de Dios es errónea. La manera más certera de conocer los propósitos de Dios es estudiando personalmente su palabra, de tal forma que se convierta en un estilo de vida. Si nos dedicamos solamente a escuchar un mensaje, pronto seremos codependientes de lo que otros digan y es ahí donde muchas personas se han extraviado, confiando en las palabras de quienes pretenden ser la voz de Dios aquí en la tierra. Lastimosamente vemos en nuestros días una propagación de este estilo de creyentes, los que sólo se acercan a escuchar nada más; los que dejan su crecimiento espiritual sólo a escuchar un mensaje o un mensajero. El día que no lo escuchan sienten que no crecen o que no adelantan en este caminar.

Es fácil perderse en el camino cuando no se sabe hacia dónde va, o cuando la información de viaje está adulterada. Adán y Eva perdieron la noción de lo que Dios mandó, porque les resultó más atractivo el mensaje de aquel forastero que les hizo pensar que el mensaje del Creador estaba incompleto.

Moisés, frente a la experiencia de cruzar una multitud asustada a través de un mar nada inspirador y con un ejército despiadado pisándole los talones, hizo una pausa. Era normal, de humano ante todo este flujo de adrenalina, por un instante, caer en la inercia mental y dudar por un segundo, dando lugar a la voz que desconoce los planes de Dios y decir, ¿cómo sucederá esto?, ¿Qué tal que fracase en el intento?

El desenfoque es algo natural en las personas, por eso muchas veces cuando creemos que estamos seguros de algo, un pequeño átomo de duda detiene un gigantesco proyecto que está en su etapa final de realización. Moisés estaba enfocado, pero se detuvo a escuchar la voz del pueblo, las quejas, el miedo, las voces de derrota que allí eran lógicas, más vacías del propósito divino.

Moisés se detuvo a orar. Esto podría ser bien visto para los religiosos, pero aquella oración en realidad era un error garrafal en aquel momento. Cuando el propósito de Dios es movimiento, actuar y operar las oraciones por miedo y los ayunos por falta de fe, Dios los pasa por alto. El Edén se cerró por dudas. ¡Ahora el mar Rojo se abrirá por la fe! ¡Di a los hijos de Israel que marchen!

Una vez el pueblo de Israel estuvieran en el desierto a salvo de la mano del Faraón, podían fortalecer su fe y planificar su entrada a la tierra de su promesa. Lamentablemente perdían noción una y otra vez porque sus expectativas eran contrarias a Dios y Moisés.

3. Apartamos nuestra atención de Él

Queda claro que mientras estemos desenfocados de Dios no habrá orden en nuestra vida. ¿Cuántas veces y con buenas intenciones he querido desarrollar un proyecto, una idea o un plan que según yo será de beneficio para mí, para la familia o algún grupo de personas?

Estamos tan enfocados en la ingeniería de nuestro plan que no nos damos cuenta que hemos dejado a Dios a un lado mientras seguimos determinados a lograr nuestro objetivo. ¿Le ha pasado a usted? Entonces debemos tener toda nuestra atención en el Señor y su palabra y contar con él en todos nuestros planes. Cuando nuestra atención está en Él comprendemos su propósito. Si no estamos claros en el propósito, es posible que nuestra atención esté en un plano equivocado. Esto pasa muy a menudo. Hasta es un estilo de vida para muchos.

4. ¿Por qué siguen siendo erróneas?

Los patrones aprendidos definen como vemos las cosas. Estos son:

La Cultura – Es mi crianza, así que así seré.
La Educación – Así me enseñaron, esto es lo que sé.
La Religión – Soy de esta religión y los demás están equivocados.

Creamos expectativas erróneas por los patrones aprendidos que se convierten en creencias a lo largo de nuestra vida. Una vez en el evangelio, queremos adaptarlo al sistema, tiempo y deseo de Dios por el simple hecho de que pensamos que Dios está a nuestro servicio y no nosotros a Él. Esto es un desenfoque total, porque cuando nuestro punto de partida es equivocado, no tendremos claro hacia dónde nos dirigimos.

¿Cuántas veces nos hemos sentido abandonados? ¿Cuánto tiempo hemos esperado por un milagro? Nos auto evaluamos para ver si hemos fallado. Confesamos, creemos y aplicamos la palabra. ¿Por qué esperar? ¡Si el milagro lo necesito ahora!

Recuerde que Jesús les dijo a los discípulos que la muerte de Lázaro era para la gloria de Dios, para que el hijo de Dios fuera glorificado por ella. Así que todo lo que le pueda suceder es porque Dios le está enseñando a que quite la mirada de usted, de sus aflicciones, dolores o conflictos y lo mire a Él, porque al fin y al cabo se trata de Él, por Él y para Él.

Cuando eso suceda, a su vida vendrá orden, paz, equilibrio y vida en abundancia.

¿Puede escucharlo ahora?

4
El silencio ensordecedor

Mi época de niño fue a finales de la década de los sesenta y mediados de los setenta. Desde muy temprano, la curiosidad me embargaba. Todo lo que mis sentidos percibían se tornaba en mi campo científico. Tengo recuerdos de una pequeña esfera de cristal con colores que se conoce como canica. Mientras mis amigos sólo la utilizaban para jugar, pacientemente yo podía estar dándole todo mi tiempo a la estructura de colores que en ella había.

Pensaba en los que la hicieron, cómo lograron introducir cada color dentro de ellas y cómo pudieron alinearlos tan perfectamente. Existían unos más grandes que contenían muchas burbujas y esos me los llevaba a los ojos, para en mi imaginación meterme en aquel cristal que parecía un universo.

Así era con todo lo que estaba a mi alrededor: las plantas, los animales, la arena, las piedras, las frutas, hasta el aire. Repito que era muy niño, no conocía la Biblia ni su contenido. En la cima de un árbol de mango que teníamos en el patio de mi casa podía apreciar a San Juan, la capital de Puerto Rico, a la distancia.

Allí meditaba en el viento y me preguntaba, ¿de qué está hecho? ¿De dónde viene? ¿A dónde va? ¿Cómo sostiene un avión? Era apenas un niño. Un niño que miraba todas las cosas

> Sentir empatía con nuestros semejantes es escuchar su silencio. Es saber cómo conectarse con la otra mente, identificar sus ruidos y ayudarle a reducir toda interferencia mental hasta lograr la estabilidad emocional.

maravillado por la ingeniería implícita. Lamentablemente no estudié ingeniería ni ciencia, sino sé que hubiese sido un ingeniero o científico apasionado por la investigación.

A medida que pasaba el tiempo, mi sentido investigativo se desarrollaba más y las noches no fueron excluidas. Todo era diferente sin luz, menos ruido ambiental… como si todo se paralizara. Contemplaba la luz de la luna a quien por alguna razón le temía y que nunca descubrí por qué. Tengo que decir que hoy me fascina observarla y que aún tengo mucha curiosidad sobre ella. Pero aquellas noches tenían algo peculiar. Aparte del sonido exquisito del coquí, existía un sonido que no podía explicar. Sé que era fuerte, constante. No tenía idea de por qué las noches lo tenían como invitado. Sólo aprendí a llamarle erróneamente "el silencio de la noche". ¡Vaya silencio! Bueno no me culpo, es que aprendí que el silencio era un sonido. Fue con la idea que viví casi toda mi vida. Estoy seguro que alguno de mis lectores sabe a lo que me refiero.

Se dice que el silencio es la ausencia de ruido. El ruido es sonido y el sonido en términos de física es un conjunto de ondas producidas por un cuerpo al vibrar. ¡Cuántos años viví con esta creencia! A continuación, les contaré algo que para

mí era real. Aunque me lo explicaran científicamente, sería imposible de procesarlo
debido a que no conocía otra cosa. Para mí era una verdad inmovible en mis archivos que se encontraban incrustados como el óxido al hierro, pero en lo más profundo de mi mente inconsciente.

Posiblemente ha visto la famosa foto de un témpano de hielo que muestra una pequeña porción fuera del agua y otra gran parte sumergida. Ambas porciones representan nuestra mente dividida por el consciente y el inconsciente. Se dice que el consciente es sólo de un 12% a 15% de la mente y el resto es el inconsciente. En esa parte es donde están guardadas nuestras carpetas de creencias, comportamientos, miedos y experiencias pasadas. Es ahí donde también residen los comandos automáticos que hacemos, como las múltiples funciones que hacemos al manejar un automóvil. Por ejemplo, podemos tomar total control de cada función en el manejo del auto mientras hablamos con algún acompañante o atender una llamada telefónica de un minuto o una hora. Mientras profundice en la conversación, el inconsciente está enviando directrices a las manos, los pies y los ojos para manejar el auto, mientras otra parte de nuestra mente atiende los detalles de la conversación.

Así mismo, dentro de los archivos del inconsciente hay miles de destrezas y creencias que conscientemente pasamos por alto, pero que vivimos con ellas como una sólida realidad. Aquí les relato el mayor ejemplo de esto que acabo de mencionar.

Recuerdo que una madrugada, el reloj marcaba cerca de las 2:30. Estando en un sueño profundo, escuché que se activó la chicharra de incendio en la sala y el corredor de la casa. Di un salto y corrí para buscar lo que ocasionaba ese horrendo y molestoso ruido en medio del descanso nocturno. Mi instinto de supervivencia estaba al máximo, mientras que el ruido era ¡insoportable!

Llegué hasta la cocina, recorrí toda la casa. No había rastro de humo, mucho menos de fuego. Continué buscando, miré las alarmas y para mi sorpresa, estaban apagadas, pero el ruido permanecía. Decidí regresar a la habitación y me percaté que mi esposa estaba despierta y me preguntó suavemente: "¿Qué te pasa?" Procedí a preguntarle que si escuchaba la alarma de fuego y me dice que no. ¡Vaya broma a esa hora!

Yo seguía escuchando el chirrido mientras mi esposa sólo me decía que no escuchaba nada. Ella volteó su cabeza y regresó a su sueño. Me dirigí al baño. Cerré la puerta. Me miré al espejo mientras con las manos cubrí mis orejas para descubrir lo que sospechaba: ¡el ruido estaba dentro de mí! ¡Qué mal! Todo estaba en silencio, no obstante, dentro de mí escuchaba aquel indeseable zumbido.

Por un momento me desesperé, pero como aún me encontraba en modo de supervivencia, me relajé, medité en la causa y clamé a Dios. ¡Sí! Le pedí que enmudeciera aquel ruido ensordecedor. Comencé a calmarme y noté que el ruido disminuyó, pero aun ahí seguía, es más, toda mi vida estuvo ahí. Luego aprendí que se trataba de una condición llamada acúfeno o *tinnitus*.

El acúfeno es un zumbido constante en el interior del oído cuando no existe ningún ruido exterior. Los egipcios le llamaban oído encantado. Más tarde surge su denominación latina llamada *tinnitus*, que significa tintineo. Este es un síntoma que afecta aproximadamente al 20% de la población y que puede llegar a causar serios trastornos de sueño, estrés o depresión, si es que el individuo está consciente de ello.

Aunque la causa es múltiple, en mi caso se debió a la perforación de mi tímpano derecho provocado por una infección cuando muy niño, que me dejó sólo con un 35% de audición. Hoy he aprendido a ignorar ese ruido. En ocasiones pasan horas e incluso días donde olvido que ahí sigue.

Esta experiencia desagradable que les acabo de mencionar para mí era muy normal cuando caía la noche y cesaba toda actividad cotidiana. En ocasiones, era impresionante el silencio en el entorno de mi hogar. Cuando los grillos y el coquí rehusaban emitir su canto, el silencio se tornaba ensordecedor por causa del zumbido dentro de mí.

Para las personas que padecen de *tinnitus*, no escuchar nada puede ser ensordecedor y hasta perturbador si se le presta atención a un ruido que es real sólo en nuestra cabeza. Para ser más exacto, puede que se trate sólo de una pequeña deficiencia en el oído que, si no se trata a tiempo, a largo plazo afectará nuestro modo de vivir.

Y es que en nosotros todo lo que no funciona en buen orden según su diseño, trastornará nuestro desempeño como seres humanos y más si se trata de alguno de nuestros cinco sentidos. Por ejemplo: no entraría a un auto donde la persona que conduce tiene problemas en su visión periférica.

Pienso que tampoco contrataría a un abogado con problemas de audición, pues así evitaría malos entendidos, tiempo y claro, dinero. De la misma manera como el deterioro de alguno de estos sentidos nos afecta en lo físico, estos impactan nuestro entorno espiritual. Quiero explicar esto un poco más a fondo.

Desde la perspectiva bíblica, he notado correlación entre la fe y tres de nuestros cinco sentidos, me refiero a la vista, el tacto y el oído. En esta ocasión mencionaré los dos primeros someramente para luego enfatizar sobre el oído, que es nuestro tema de conversación.

LA VISTA

En Mateo 6:22, Jesús dice que ***"la lámpara del cuerpo es el ojo"***. En el contexto de este verso, la enseñanza está relacionada a los asuntos que tienen que ver con el alma: las emociones y la conducta. Estas residen dentro de los seres humanos. Entonces la vista juega un papel importante en la comunicación con nuestro interior. He escuchado mucho la expresión secular "los ojos son la ventana del alma" que es una manera general de comunicar las palabras de Jesús: "La lámpara del cuerpo es el ojo". En otras palabras, la vista es un sentido humano que pertenece al cuerpo y que conecta la realidad del mundo exterior con nuestro interior, interpretando o descifrando los conceptos naturales llevándolos a la mente, el alma y depositándolos en el espíritu, que es nuestra fuente de vida.

Así que todo lo que vemos, gracias al ojo, es un potencial canal de comunicación a nuestro ser interior. Por esa razón encontramos tantos pasajes bíblicos que nos instan a ver, mirar y observar con el fin de comprender el propósito de Dios en toda nuestra vida. En el registro de 2 Crónicas 20, en Judá el rey de turno era Josafat, sexto en el reinado directo de David. Él recibió un mensaje nada alentador, pues varios ejércitos comandados por Moab y Amón venían contra él y todo su pueblo.

Josafat y todo el pueblo, reconociendo a Jehová, se humillaron y pidieron dirección. Es aquí donde uno de los levitas lleno del Espíritu de Dios dijo: ***"No habrá para que peleéis vosotros en este caso; paraos, estad quietos, y VED la salvación de Jehová con vosotros"***.

Aquel día el rey Josafat y toda su gente, más allá de una victoria contundente, vieron el cumplimiento de la palabra de Dios. Vieron que Dios estaba con ellos para cuidarlos y defenderlos del mal. Vieron a Jehová sin que se hiciera visible corporalmente. Cuando nuestro ojo es capaz de ver y reconocer lo que Dios hace a nuestro favor, se produce un cambio interior que beneficia todo nuestro ser, entiéndase, espíritu, alma y cuerpo.

EL TACTO

Algo parecido es el sentido del tacto. Es uno de los sentidos más importantes que posee el cuerpo humano y está en toda la piel. Sin entrar en un estudio profundo de nuestro sistema sensorial me limitaré a exponer la relación de este sentido con la fe.

El tacto, a través del sistema nervioso, envía señales al cerebro. Estas señales interpretan los peligros externos o el bienestar que nos ofrece nuestro entorno. Por eso somos capaces de sentir frío o calor, dolor o placer, miedo o seguridad, entre muchas otras interpretaciones que podemos dar con sólo un pequeño toque de nuestra piel. Ahora, se estará preguntando, ¿qué tiene que ver esto con la fe?

Permítame explicarle y responder sus dudas. Contrario al testimonio negativo que le han dado al discípulo Tomás, él no sólo necesitó ver, sino tocar y sentir con sus propias manos, que quien él vio en la cruz era el mismo que sus compañeros alegaban haber visto. Aunque las palabras de Jesús hacia él quizá no fueron las que muchos quisieran escuchar, tampoco hubo juicio de condenación.

Tomás necesitaba tocar para creer; necesitaba utilizar el elemento sensorial en su nivel de fe, como el de muchos hoy día, sólo que el mensaje del Señor era que sería más feliz si sólo creyera. ¿Tocaría Tomás las heridas del maestro? No lo sé y no creo necesario saberlo, pero las haya sentido o no, Tomás fue un nuevo hombre.

El toque de Jesús impartía salud y salvación, por eso en los evangelios vemos que muchos procuraban que él los tocara. El sentido del tacto para estas personas estaba muy ligado no sólo a su sistema de percepción, sino a su fe; no necesitaban ni siquiera escuchar o ver, sólo un toque del maestro llenaría sus expectativas. Tal fue el caso de un hombre llamado Jairo, mencionado en Mateo 9:18 que acababa de perder a su hija. Él llegó donde Jesús y le dijo: ***"Mi hija acaba de morir; mas ven y pon tu mano sobre ella y vivirá"***.

Fíjese que no dijo "sólo di la palabra y vivirá". Jairo necesitaba el toque del Señor sobre el cuerpo muerto de su hija; eso era lo que él creía. ¿Tenía menos fe? Pienso que no. En su sistema de creencias ese era el método que él entendía. No obstante, y antes de que Jesús llegara a su casa, había una mujer que pensaba como Jairo y Tomás. Ella coincidió en la ruta del Maestro. Estaba enferma hacía doce años y esta era su oportunidad. ¿Cuál? La de tocar el vestido del Señor.

En el verso veintiuno encontramos su declaración: ***"porque decía dentro de sí: Si tocare solamente su manto, seré salva"*** (Mateo 9:21). Había mucha gente, ¿por qué no gritó para que fuera escuchada? ¿Por qué no habló con un seguidor de Jesús? ¿Por qué no pidió que le dejaran tocar al Mesías o que él la tocara a ella? ¡No! ¡Para nada! No era necesario. Ella sabía que podía conectarse con el dador de la vida sólo con un toque; que no sólo era ver o hablar. La conexión de ella con Jesús sería a través del toque. Ir, postrarse, atreverse, extender su mano y sólo tocar un simple hilo de las vestiduras de aquel Verbo Encarnado, que lo dejó todo por amor de nosotros, era suficiente para que su alma se fundiera con la de Él y estar en perfecta armonía, recibiendo todos los beneficios del dador de la vida.

Posiblemente alguien pueda comentar: "pero ya él no está físicamente entre nosotros". Pues mi consejo es que cuando esté en oración levante las manos en adoración. Estoy seguro que algo sentirá. Además, transmita amor a sus seres queridos dándoles un toque sincero o un abrazo. Les aseguro que será reciprocado y esto será medicina a su alma.

EL OÍDO

Más allá del mecanismo auditivo, me concentraré en el sentido de la audición, de lo que escuchamos y lo que nos pueda impedir escuchar con claridad. Es interesante que el apóstol Pablo nos enseñó en Romanos 10:14 que ***"la fe es por el oír, y el oír por la palabra de Dios"***. ¿Qué notó ahí? Que hasta que nuestros sentidos, en especial el oído, no entren en contacto con el mensaje que Dios nos envía, nuestra fe en él no puede ser posible.

Por lo tanto, Dios ha provisto diversos medios para comunicarse con sus hijos; vías que se encargarán que el mensaje llegue al alma y la restaure. El oír la voz de Dios, sea audible o por cualquier otro medio como la lectura de su palabra, nos confrontará cada día con nuestra condición pecaminosa. Nos llamará a una vida apartada para Él y así restaurar lo que fue quebrantado por aquel forastero que llegó sin ser invitado a Edén, distorsionando con astucia el mensaje que ya estaba grabado en el corazón de la primera pareja.

Si la fe es por el oír, ¿cuál sería el plan enemigo para que no hubiera fe genuina? ¿Crear problemas de audición? No creo. La mejor estrategia usada desde el principio ha sido el ruido que rebasa el mensaje que se escucha, o por lo menos, que con su sonido encantador desvíe la atención del receptor.

Cuando supe que tenía la condición de acúfeno en mi oído derecho, me turbé y, aunque oré por un milagro, llegué a la conclusión que necesitaba ayuda médica. Pero mientras tanto, ¿qué iba a hacer? ¿Cómo lidiar con semejante ruido incesante dentro de mí? Un amigo quien padece de lo mismo me dijo que él sólo lo ignoraba, así que me di a la tarea de hacer lo mismo, de crear el hábito de ignorar.

Imagínese una visita a las cataratas del Niágara. ¿Cómo se ignora el estruendo de las aguas? O estar en el evento de Daytona 500. ¿Cómo apaga su mente el ruido ensordecedor de los autos de carrera? Nada fácil, ¿cierto? Explicarle el *tinnitus* a personas que no lo padecen no me era fácil, así que me di a la tarea de iniciar una búsqueda en internet, pues quería dejarle saber a mi esposa e hijo cómo se escuchaba el mundo en mi cabeza.

Por fin encontré videos de personas que tenían la condición y que grabaron sonidos muy parecidos a lo que ellos escuchaban. Seguí buscando las diferentes frecuencias hasta que por fin encontré una muy parecida al impertinente ruido ensordecedor que mora en mí. Tanto mi esposa como mi hijo abrieron los ojos en señal de espanto, pues pensaron cómo era posible vivir con un ruido semejante a ese.

Como dijo mi amigo, creo que es aprender a ignorar el ruido. ¿Sabe usted? Antes de que me enterara que padecía de acúfeno pensaba que era normal; entonces, para mí ¡no era ruido!

Muchas veces me pregunto, ¿por qué hay personas que viven en estados de histeria constante? Crisis que van y vienen todo el tiempo, tales como peleas, insultos, vicios y toda clase inestabilidad en sus vidas. Cuando un niño crece en un hogar donde el padre no habla, sino que grita, su madre grita y sus hermanos gritan, de seguro ese niño cuando sea adulto también gritará. Sabemos que hay excepciones a la regla, pero son muy pocos.

El pecado es tan normal y tan natural en muchas personas que obviamente no se dan cuenta de cómo viven, de cómo han sido afectados y cómo afectan a otras personas. Es la estructura de pensamientos lo que crea nuestro estilo de vida, lo que nos dicta la conducta, la que nos hace creer que así somos y así seremos siempre y que nada nos cambiará la forma de pensar.

Son esos pensamientos los que se convierten en ruidos constantes, ensordecedores que solamente escucha el que los posee. Nadie los oye, por eso para el mundo exterior no tiene importancia; para el resto de la población es sólo silencio. De aquí él por qué a la gente se les hace difícil comprender el dolor del prójimo.

Sentir empatía con nuestros semejantes es escuchar su silencio. Es saber cómo conectarse con la otra mente, identificar sus ruidos y ayudarle a reducir toda interferencia mental hasta lograr la estabilidad emocional. Los miembros de la sociedad moderna viven buscando enmudecer todo el ruido producido por su dolor emocional. Las personas andan ensordecidas por las voces de conflictos internos que no logran apaciguar y es por eso por lo que la gran mayoría vive extraviada de la verdadera solución a su problema.

Cuando la serpiente antigua vio que Adán y Eva obedecían la voz del Señor, ¿cómo logró que ellos desviaran su atención de la orden divina? Plantó una semilla de ruido que no es otra cosa que distracción, utilizando las emociones ligadas a la razón. Por eso en el adoctrinamiento social, los medios de comunicaciones utilizan las emociones, los sentimientos de la gente, para lograr sus agendas personales y maquiavélicas.

En los Estados Unidos de América se celebran elecciones presidenciales cada cuatro años. Cuando comienza el periodo dc campañas, cada candidato estructura un mensaje dirigido al sentimiento del oyente con el fin de ganar su voto. ¿Cuál es el objetivo? El puesto político. ¿Cuál es la estrategia? Convencer con verdades, medias verdades y mentiras hasta posicionarse.

De la misma manera, y ahora hablando en términos personales, todos tenemos sueños que queremos alcanzar. Nos establecemos metas a corto o largo plazo y nos determinamos a seguir trabajando hasta lograrlo. Pero ¿por qué muchas personas no alcanzan sus sueños? Podemos pensar en algo tan sencillo como las resoluciones que miles hacen cada vez que termina un año, o cómo se aprovechan los comerciantes para vender sus productos. Lo triste es que, al final del primer trimestre, por no exagerar, ya muchos han renunciado.

¿Qué pasó? En el silencio de su mente no pudieron controlar el ruido ensordecedor que les decía que mejor desistieran, que lo dejaran para el otro año, que ahora hay cosas más importantes que pueden hacer. Los seres humanos somos tan susceptibles a la distracción mental que cualquier sonido más alto que nuestra convicción, nos desenfoca. Parecemos silenciosos ante el mundo, pero el interior está lleno de incertidumbres. Aunque muchos parezcan firmes, piadosos, seguros de sí mismo y de lo que quieren, en algún momento harán notorio el silencio ensordecedor que están padeciendo.

EL JOVEN RICO

Hubo un joven lleno de riquezas, probablemente muy notorio entre los suyos, que llegó corriendo donde Jesús y con un acto reverente le dijo al Señor: ***"Maestro bueno, ¿qué haré para heredar la vida eterna?"*** Todo lo que precede a esta pregunta me hace pensar en lo que lo llevó con mucha prisa y humildad a los pies de Jesús.

Si era genuina su pregunta, de seguro estaba basada en sólo temor. Quizá era uno de estos ricos que meditan en toda su

fortuna; que nada les falta y hasta cuentan con buena salud. Pienso así porque lo único que el joven quería saber era lo que tenía que hacer para heredar la vida eterna. En su mente estaban los negocios, pues él quería saber los pasos para alcanzar lo que se había propuesto. Estaba diseñando un plan estratégico para lograr lo que nadie había podido antes, así que investigando o escuchando al pueblo supo de Jesús y sus historias del cielo.

"Él es respetado entre los judíos y entre los extranjeros, alguien grande debe ser, entonces iré con respeto." Asumo

que es lo que pudo haber dicho, pero de lo que sí estoy seguro es que Jesús le corrigió su presentación diciéndole: ***"¿Por qué me llamas bueno?"*** En este instante creo que la intención del joven quedaba al descubierto, por lo menos ante el Maestro, pues la segunda vez no le dijo "bueno", sino sólo "maestro". Pero ¿qué estaba haciendo el Señor aquí? ¿Tratando de humillarlo?

La respuesta es no. Él conocía la escritura y por lo visto, era piadoso. Entonces, Jesús que conoce nuestras intenciones y pensamientos, trataba de apagar la distracción mental de aquel joven, que quizá pensaba que lo único que le faltaba para estar completo era seguir con riquezas en el más allá. Y bien, el Señor le pregunta al muchacho si conocía los mandamientos. No sabemos si ellos se conocían entre sí, pero si no, ¡vaya sorpresa para el chico! ¡El Maestro lee la mente!

La historia parecía que tendría un final feliz, hasta que el Señor le dice: ***"¡Una cosa te falta!"*** Quizás nunca haya pensado que tal vez Jesús hizo una pausa, lo miró fijamente y dentro de aquel joven rico se desató un silencio ensordecedor que quizá le gritaba, ¡Sí, sólo una cosa me falta y seré rico por la eternidad! Mientras el ruido mental del muchacho subía de tono, el Maestro continúa diciéndole: ***"anda, vende todo lo que tienes, y dalo a los pobres"***.

Note que a renglón seguido le dice: "y tendrás tesoro en el cielo", como si esta fuera la respuesta premeditada que el joven esperaba. ¿Por qué pienso de esta manera? Por la actitud del joven en la siguiente cita de Marcos 10:22: ***"Pero él, afligido por esta palabra, se fue triste, porque tenía muchas posesiones"***. Sencillamente no estaba listo para esa respuesta.

Si en algún momento el silencio era ensordecedor, fue cuando escuchó: ***"vende todo lo que tienes"***.

Cuántas veces le hemos presentado una petición al Señor con pureza de corazón, con honestidad, y hasta muy buena intención. Cuando vemos que no llega, presentamos ante Él nuestras credenciales que nos hacen aptos para recibir tan insignificante pedido. Si Dios hizo el universo con su palabra, que simplemente nos conceda esta pequeña petición, no es nada. Dígame si en ocasiones pensamos de esa manera.

Es así como creamos ruido mental, pensando que, porque hacemos el bien, sabemos la palabra de principio a fin, oramos y ayunamos y hasta somos gente ungida y obediente, Dios tiene que contestar nuestras peticiones tal como las hemos diseñado.

Cuando me enteré que mi esposa no podía tener hijos de forma natural, sanamente dediqué días de ayuno al Señor. Oré, clamé, hablé en fe y rogué. Todo esto lo hice por un tiempo, dedicándome al servicio de Dios con toda sencillez de corazón. Pasaban los años y no veía el milagro y en el proceso no faltaron quienes me profetizaron lo que yo quería escuchar.

Pues no, no era la voz de Dios. Sólo escuchaba ese ruido ensordecedor dentro de mí que me empezó a provocar tristeza y, aunque me sentía mal, nunca le reproché ni demandé nada a Dios. Sólo agradecía que Él me escuchaba, aunque no me contestara. Aprendí a ignorar el ruido dentro de mí, las voces de los llamados profetas, junto a los pensamientos egoístas que creaban conflicto entre mis anhelos y el propósito de Dios en nosotros.

Todo esto lo vivimos en silencio. Nadie se enteró de las lágrimas derramadas por mi esposa por el deseo de ser madre. Nadie se enteró de mi angustia porque la veía sufrir. Un día tomando yo las cosas de buena forma le dije como Elcana le dijo a su mujer, quien no podía tener hijos, ***"Ana, … ¿no te soy yo mejor que diez hijos?"*** No, no lo tomó a mal, y hasta creo que hizo como Ana, se levantó de su dolor y hasta oró con más ahínco al Señor.

Pasaron quince años de matrimonio sin hijos. En ese tiempo ignoramos aquel ruido devastador y nos dedicamos a la obra del Señor de tal manera que no teníamos tiempo para sentarnos y observar que en la casa faltaba algo. Fue tanto lo que nos enfocamos en el servicio ministerial que un día enfocado y haciendo la obra misionera en Guatemala, Dios en su soberanía nos sorprendió con un hermoso hijo a quien le llamamos Nathanael, que significa regalo de Dios.

¿Sabe usted cuándo llegó? Cuando ignoramos todo ruido que contaminaba nuestro propósito en Dios. Cuando en vez de exigirles a Dios, le obedecimos a tal grado que nuestra oración era más por la extensión del ministerio que por nuestros asuntos personales. Aprendimos que los pensamientos de Dios son más altos que los nuestros y que todo nos estaba indicando que el Señor en su infinito amor haría una obra tan maravillosa que todo el que la escuchara le glorificaría, pues al final de todo, se trata de Él y para Él.

Ana decidió ignorar ruidos que la desenfocarían del destino que el Señor tenía para ella. Por eso después de tantas lágrimas y ruego, Dios le regaló a su hijo Samuel al que dedicó a Jehová en el templo y quien más tarde sería la pieza clave de transición entre los jueces de Israel y el establecimiento del primer rey.

Les adelanto que una de las cosas que tenemos que evitar para escuchar el silencio de Dios son las distracciones, los ruidos o contaminación acústica que interfiere en nuestra mente. El hábito de leer la palabra de Dios, de meditar en ella, de citarla mientras hablamos con Dios, es un buen ejercicio para atenuar el silencio ensordecedor.

Lograr alcanzar disciplinar nuestra mente no es nada fácil. Puede tomar mucho tiempo y exigir cambios de conducta o desaprender estilos de vida para aprender uno que esté acorde al propósito de Dios.

Nada de esto se logra de la noche a la mañana, pero cuando nos sumergimos más y más en las profundidades del propósito de Dios conocido mediante el estudio de su palabra, notaremos que cada paso que vamos dando, nos estará llevando a un crecimiento paulatino y, en ocasiones, exponencial en Cristo Jesús.

Culmino este capítulo citando lo que dijo Pablo en Efesios 3:17-19:

Para que habite Cristo por la fe en vuestros corazones, a fin de que, arraigados y cimentados en amor, seáis plenamente capaces de comprender con todos los santos cual sea la anchura, la longitud, la profundidad y la altura, y de conocer el amor de Cristo, que excede a todo conocimiento, para que seáis llenos de toda la plenitud de Dios.

5

Probado como oro, ¿y cuándo brillo?

Hace mucho tiempo escuché la historia de un hombre que estuvo la mitad de su vida como misionero en un país lejano al suyo. Había culminado su tiempo y estaba de regreso en su casa. Cuando llegó al aeropuerto de su ciudad notó que todos los aviones que iban rumbo al terminal no se movían, así que decidió mirar por la ventana para ver qué estaba sucediendo.

Alrededor de un avión, vio mucha gente, alta seguridad, flores y una alfombra roja que daba hasta la escalera rodante. ¡Alguien grande llegaba a aquel lugar!

Ya en el terminal podía ver a través de las grandes ventanas de cristal el cuadro completo de lo que realmente estaba pasando, pues había llegado el monarca de aquel país.

Cuando el misionero miró a su alrededor, se entristeció porque nadie lo fue a recibir después de tantos años fuera de su país y separado de su familia. Bajó su cabeza y cerrando sus ojos dijo: "Señor, ¿cómo es posible que aquel que no te sirve ni aporta a tu reino llega y lo reciben con fiesta, algarabía y hasta alfombra roja, y yo que he estado trabajando en tu obra, distante de mi familia y amigos por más de la mitad de mi vida nadie me recibe?"

De inmediato la voz de Dios le habló en su interior diciéndole: "Hijo mío ciertamente aquel llegó a su destino, pero tú, aún no has llegado al tuyo".

Esta historia quedó grabada en lo más profundo de mi ser, pues ha venido a ser una sólida convicción en mi vida. Cuando miro los procesos, que muchas veces son fuertes, resurge en mí la enseñanza de que no somos de este mundo y que la recompensa que Dios tiene para sus hijos tampoco es de aquí.

Hay cuatro puntos que debemos mantener en perspectiva para comprender esto más a fondo.

1. Nuestro Rey y su reino no es de este mundo.

En Juan 18:36, Jesús dice: ***"Mi reino no es de este mundo; si mi reino fuera de este mundo, mis servidores pelearían para que yo no fuera entregado a los judíos; pero mi reino no es de aquí"***.

2. Los que hemos sido entregados a Cristo, tampoco somos de este mundo. Juan 17:14 lee de la siguiente manera: ***"Yo les he dado tu palabra; y el mundo los aborreció, porque no son del mundo, como tampoco yo soy del mundo"***.

3. Nuestro peregrinar en esta tierra es por corto tiempo. Todo pasará, como Israel pasó de la esclavitud de Egipto al proceso del desierto y a una tierra de bendición y vida.

4. El fin de todo lo que experimentamos en esta vida será de gloria y alabanza a Dios, pero en la eternidad.

¿Sabe usted por qué la mayoría de los creyentes no tienen este concepto claro? Simplemente porque han sido entretenidos con modalidades religiosas. Y, aunque muchas no son tan modernas que digamos, vemos estilos que han estado por cientos de años privando a los seguidores de Cristo de alcanzar madurez en Él.

Son miles los creyentes que luchan con la realidad de que somos probados todo el tiempo, que nuestra fe es sometida a prueba constantemente. Lo triste de esto es que, si un creyente no ha sido expuesto a una enseñanza bíblica sólida, será parte de la estadística de cristianos fracasados o de los que han dejado las filas del cristianismo por agotamiento emocional.

Es imperativo formar creyentes sólidos y capacitados en todas las áreas de fe. Para eso necesitamos acudir a la mejor enseñanza, así que vayamos a la universidad más grande jamás establecida en la faz de la tierra, su maestro y sus estudiantes. Me refiero a Jesús y sus discípulos.

Una de las enseñanzas más poderosas del maestro Jesús, que dos mil años después aún resuena en la mente de los discípulos modernos, es:

"En el mundo tendréis aflicción; pero confiad, yo he vencido al mundo" (Juan 16:33).

Debemos tener muy presente que el sufrimiento, el dolor y la tristeza han sido elementos reales en la vida de los creyentes. Jesús nunca dijo que estaríamos

> No olvides, tengo un propósito en tu vida y ese propósito, nada ni nadie lo detendrá, por lo tanto, no te desvíes del camino mirando las pequeñas circunstancias o pequeñeces que te rodean, solamente mira a aquel que te hizo con un propósito"

libres de ellos. Al contrario, dijo que en este mundo tendríamos aflicción.

O sea, mientras vivamos en este mundo no estaremos exentos a las enfermedades, al dolor emocional, a la injusticia social, a la pérdida de trabajo o de un ser querido. Más bien seremos partícipes de todos los sufrimientos que padecen los seres humanos. Ha quedado claro en nosotros esta penosa verdad, mas no olvidemos la segunda parte del renglón que dice: "confiad, yo he vencido al mundo".

Estoy seguro que quien escuchó esta enseñanza de labios de Jesús, la asimiló y atesoró en su corazón hasta su último día. Uno de los que la tomó muy en serio fue el apóstol Pedro. Veámosla desde su punto de vista:

AFLIGIDOS POR UN TIEMPO

"En lo cual vosotros os alegráis, aunque ahora por un poco de tiempo, si es necesario, tengáis que ser afligidos en diversas pruebas" (1 Pedro 1:6).

Pedro conoció de primera mano el dolor, la tristeza y el miedo que sienten los seguidores de Cristo cuando su fe es estremecida.

Él fue:

- Testigo de la persecución de Cristo hasta su muerte
- Testigo de la persecución del imperio hacia la iglesia naciente
- Testigo de las cárceles de todos los que habían recibido el mensaje de la cruz en su época.

En su escrito dirige su mensaje a los expatriados o los que habían sido dispersos por la persecución del momento. Habiendo tenido vasta experiencia en los sufrimientos, ahora que ejercía el ministerio lleno de la unción divina, contaba con el consejo más sabio para aquellos que comenzaban en el camino del evangelio. Este consejo trataba de asumir la actitud correcta ante la adversidad.

Es aquí donde muchos abortan el proceso por no saber cómo lidiar con las aflicciones, no conocen su naturaleza; les falta el conocimiento necesario para mantenerse intacto ante las tormentas que lleguen a su vida. Por tanto, al no contar con tal información perecen en el intento, y los que no, se resignan a una vida cristiana mediocre, con poco o sin ningún fruto, encarcelados en la agonía de nunca vivir la vida abundante que Cristo ofreció.

Ahora, queda claro que las aflicciones no faltarán y que estarán presentes en cada situación de la vida.

EN DIVERSAS PRUEBAS

Pero como si esto fuera poco, el apóstol nos dice que nuestra fe será probada de muchas maneras. Sé que esto es precisamente lo que no queremos escuchar. Desearíamos poder reprender las adversidades como reprendía Jesús los vientos y se calmaban, pero por motivos divinos esto no siempre suele ser así. La razón no queda oculta como un misterio que nunca se nos revelará. Más bien, las Escrituras nos dan luz para comprender. En este caso, que la adversidad es el ingrediente esencial que incita la búsqueda de Dios en todo tiempo. ¿Por cuánto tiempo? Antes de contestar esa pregunta debemos responder esta otra interrogante: ¿Cuánto tiempo vive un ser humano? Poco tiempo, ¿cierto? Entonces esta respuesta nos arroja luz a la contestación de la primera pregunta. Y es que las aflicciones de todos los apóstoles y seguidores duraron hasta sus respectivas muertes.

Pedro estaba claro, si Cristo no venía antes, la aflicción sería parte de la vida del creyente.

Como el caballo que carga a su jinete, pero permanece en inercia, no se moverá hasta sentir el fuetazo de su amo que le indica que hay que proseguir. La vida nos golpea queramos o no, mas ahora en Cristo tenemos un fin en mente, una meta, una eternidad con Él. Antes de eso necesitaremos una fe sólida y dinámica que nos lleve a la madurez y estatura de Cristo. No obstante, de la única manera que esa fe pueda tornarse proactiva, será a través del proceso de purificación en el crisol de la aflicción.

LA PRUEBA DE NUESTRA FE

Veamos nuevamente el verso siete, "**Para que sometida a prueba vuestra fe, mucho más preciosa que el oro, el cual, aunque perecedero se prueba con fuego**" ...

Llama mi atención que Pedro no dice que Dios somete a prueba nuestra fe, sino que la fe es sometida a una prueba, pero ¿quién la prueba? Aunque voy a aclarar este punto más adelante, por el momento les puedo decir que nuestra fe es probada desde nuestra perspectiva por el sistema caído que nos rodea.

Ahora bien, está claro lo que dice el apóstol: nuestra fe será probada y procesada. Esto es así porque contiene elementos lógicos que entorpecen el propósito divino.

Comparemos el metal precioso con la fe. El oro mezclado con otros metales no tiene el mismo valor que el metal puro. El mismo necesita ser desarraigado, procesado y purificado para entonces convertirse en una joya de alto valor, gracias a lo que reveló su verdadera naturaleza: el fuego.

Al estudiar las propiedades del oro nos damos cuenta por qué Pedro presenta semejante analogía. Aunque nuestro tema a discutir en este capítulo no es el oro, sino el proceso de nuestra fe cabe señalar lo siguiente respecto al metal:

- Su símbolo es Au *del latín aurum = brillante amanecer*
- Metal maleable y dúctil, se puede deformar sin romperse.
- Brillante
- Su principal valor consiste en su rareza y la dificultad de encontrarse.

De seguro usted conocerá, si no es usted mismo, una persona con una fe sólida en Dios; que sólo de mirarlo se contempla una luz radiante como un amanecer, y que se conoce que ha pasado por procesos donde ha salido inquebrantable y victorioso, iluminando por el camino donde pasa. No todo el tiempo encontramos personas de esa talla de fe.

Recordemos el caso del centurión que llegó donde Jesús para pedirle la sanidad de su criado (Mateo 8: 5-13). Él llegó hasta el Maestro, presentó su petición y Jesús le dijo: ***"Yo iré y le sanaré".*** El hombre humildemente le dijo que no era digno de que Jesús entrara en su casa, que sólo dijera la palabra.

Describiendo lo que a él le funcionaba como líder, Jesús quedó maravillado. Sí, así lo dice la Biblia, "maravillado", pues en todo Israel no había encontrado ese grado de fe. Pero ¿qué vio Jesús en la fe de este hombre? ¿Acaso la fe de los humanos es multiforme?

Nuestra fe puede tener muchos aspectos, apariencias y rigidez. Se puede mostrar sólida, con peso y hasta matices según el proceso. Así mismo es el oro. Por ejemplo, el oro puro es de 24K y muy blando para su uso, pero si su fin es joyería, habrá que adaptarlo, añadiendo otros metales. Veamos:

- Oro azul = 75% de oro y 25% de hierro
- Oro gris = 75% de oro, 15% de níquel y 10% de cobre
- Oro rojo = 75% de oro y 25% de cobre
- Oro rosa = 75% de oro, 5% de plata y 20% de cobre
- Oro amarillo = 75% de oro, 12.5% de plata y 12.5% de cobre
- Oro verde = 75% de oro, 25% de plata
- Oro blanco = 75% de oro, 16% de paladio y 9% de plata

En joyería fina se denomina oro alto o de 18K aquel que tiene 18 partes de oro y 6 de otro metal o metales (75% en oro), oro medio o de 14K al que tiene 14 partes de oro y 10 de otros metales (58.33% en oro) y oro bajo o de 10K al que tiene 10 partes de oro por 14 de otros metales (41.67% en oro).

Es por esto por lo que nuestra fe, en términos terrenales, es comparada con las propiedades del oro que he mencionado anteriormente. Las demás las dejaré a su consideración.

Ahora, si nuestra fe es probada como el oro con fuego, ¿qué realmente representa el fuego de las pruebas?

El fuego de las pruebas en nuestra vida no es otra cosa que la *confrontación* misma de nuestras expectativas y de nuestro conjunto de creencias.

Ese temperamento que hemos heredado de nuestros padres a través del ADN, la estructura que hemos adaptado desde la niñez y los patrones de conducta que consciente o inconscientemente reflejamos en nuestro espacio o periferia social, es precisamente la que debe ser confrontada con la verdad y propósito de Dios.

La fe es creer, pero creer no es sólo pensar en que Dios está sentado en el cielo mirando toda su creación. Hay un plan, un diseño y un propósito por cumplir.

Para alcanzar esto, en nuestro interior hay que derribar estructuras y conceptos antagónicos a la fe. ¿Cómo se logra esto? Mediante la confrontación de nuestro sistema de creencias. Las mismas deben ser expuestas a la verdad de la palabra de Dios para ser desarmadas y desaprendidas con el fin de ser edificados nuevamente con los conceptos espirituales acordes al diseño de Dios.

La confrontación revela nuestra naturaleza, así que cuando las pruebas aparecen en nuestra vida seremos capaces de comparar el contenido de nuestro corazón con el deseo de Dios descrito en su palabra.

Debo señalar que vivimos y somos parte de un mundo caído; que cuando la palabra de Dios entra a nuestro corazón ese mundo caído se encarga de confrontar lo que ahora representa la fe en nosotros. Esto es, la palabra de Dios es puesta en dudas como lo hizo el forastero de Edén a la primera pareja. De la misma manera que a ellos, el Señor lo permite con el fin de que podamos sopesar los conceptos en disputa.

Creer en Dios siempre ha sido y será a alto precio, tanto en nuestro medio ambiente social como en nuestro mundo interior. Mientras más convencidos estamos de Dios y su palabra, mayor crecimiento, firmeza y madurez tendremos en Él. Esto no viene de la nada; el apóstol Pedro explica que nuestra fe será probada.

¿Por qué? ¿Acaso no sabe Dios quiénes somos? Él claramente sabe. Somos nosotros quienes no conocemos ni su propósito ni a nosotros mismos. Así que, para llegar al conocimiento de ese propósito, será necesario superar los obstáculos que por naturaleza ya existen en nuestro camino. En vano será que le pedimos a Dios que los quite. Mientras más encontremos, más fuertes nos hacemos.

La única manera de que usted y yo sepamos de que somos capaces, será por medio de una experiencia que nos lleve a los límites de lo que conocemos. Es ahí donde esa experiencia o prueba nos comunicará quiénes realmente somos.

Cuando tengamos la capacidad de conocernos mediante la confrontación o el fuego de las pruebas, seremos capaces de ubicarnos en una posición donde gocemos de mejor sintonía con nuestro Creador.

DETERIORO DE NUESTRA ESPERANZA

He reconocido que mi peregrinar por este desierto de la vida no ha sido fácil. Sé que muchas personas se identifican conmigo, pues luego de comprender todo el andamiaje de las pruebas o confrontaciones, llega un momento donde el cansancio emocional y físico comienza a carcomer como la polilla a la madera. ¿Sabe de qué hablo? Ese momento de angustia, de ansiedad, donde decimos: ¡Dios! ¿Hasta cuándo?

Ya he escuchado mucho sobre los procesos, sobre nuestro viacrucis y sobre mi fe probada como el oro en el fuego y lo acepto, pero ¿cuándo brillo? ¿Cuándo mi vida se compondrá?

Pasamos mucho tiempo repitiendo estas preguntas. Quizá un día nos levantamos con una fe poderosa, abastecidos de gozo, capaces de cruzar cualquier mar Rojo que encontremos en el camino, ¿verdad?

Sin embargo, al igual que esos días gloriosos, nos llegan otros tenebrosos y saturados de tristeza. ¿A qué se debe? A que el cambio no llega, el milagro no ocurre y a que nuestra esperanza se deteriora. Proverbios 13:12 dice: ***"La esperanza que se demora es tormento del corazón".***

Somos capaces de recitar la Biblia, pero cuando ha pasado el tiempo y no hemos visto la realización de nuestro milagro o la petición contestada, desfallecemos. Se forma una tormenta en nuestro interior por la espera. ¡Hemos estado ahí!

Nuestra fe es confrontada a diario. Repetimos con ahínco las palabras de David en el Salmo 40. ¿No es cierto? Estoy seguro que se lo sabe: *"Pacientemente esperé a Jehová"*. ¡Hasta alardeamos de la paciencia! Hay una realidad detrás de esa confesión y es que David era un hombre confrontado todo el tiempo en el fuego de las pruebas. Aunque tenía una palabra de aliento en sus poesías y cánticos, su pluma no escondía de qué estaba hecho su corazón.

Él era como nosotros. Gritamos la alabanza al Señor, pero cambiamos el tono cuando comprendemos que la tormenta sigue ahí.

Vea el verso trece: *"Quieras, oh Jehová, librarme; Jehová,* ***apresúrate a socorrerme****"*.

Termina el Salmo 40 muy diferentemente a como comenzó. Vea la discrepancia en la primera palabra del verso uno *"pacientemente"* y la última palabra del verso diecisiete, *"no te tardes"*.

Me veo en esto siempre y afirmo que mi fe es también probada como el oro. Entonces, ¿cuándo será que brillaré? La respuesta es que, aunque estemos constantemente en el proceso, por cuanto Cristo mora en nosotros, su luz está brillando siempre; aun cuando estemos en el crisol, en el horno de fuego o pensemos que el cielo nos castiga, ¡lo que no es cierto! A pesar de que no veamos lo que esperamos, es el brillo de Jesús el que se refleja en nosotros y no el nuestro.

PROPÓSITO DE LA PRUEBA

Al final de este caminar la prueba de nuestra fe, o la confrontación de lo que creemos de Dios, habremos alcanzado madurez, estatura y firmeza. Ese proceso cumplió el propósito de que nuestra fe fuera "hallada en alabanza, gloria y honra cuando sea manifestado Jesucristo". No olvidemos que aun cuando sintamos que Dios nos ha dejado solos en la prueba, como buen Padre que cuida de los suyos, está con nosotros siempre, librándonos de la consumación del fuego que nos llega. Esto es así porque Él, como arquitecto de nuestras vidas, ha diseñado un fin con propósito para cada uno de nosotros. Meditando en esto, recuerdo una anécdota, que no es de mi autoría, sino que transita en la web, que me parece muy a tono con el tema de nuestros procesos. Se las compartiré a continuación. Lee así:

"Quien hizo el lápiz, le dijo: Te he hecho para cosas extraordinarias, no para ninguna simpleza. Te hice para grandes maravillas. Pero hay siete principios que tienen que gobernar tu vida y serán determinantes a lo largo de ella. Estos siete principios son:

1. Caja o gaveta: estarás mucho tiempo en la caja o en la gaveta, y cuando te encuentres allí pensarás que pierdes el tiempo y que en tu vida no hay ningún propósito, pero fuiste creado por un motivo y en mi tiempo te sacaré de ahí para grandes cosas.

2. Goma: Llevas una, para cada vez que cometas un error, simplemente lo borres y vuelvas a escribir. No importa cuántas veces te equivoques, simplemente borra y empieza de nuevo.

3. Afilador o sacapuntas: Cada vez que vaya a hacer algo contigo, te sacaré punta. Sentirás que estoy destrozándote, matándote… La cuchilla te dolerá y pensarás que todo estará llegando a su fin. Pero no desmayes, sólo te estoy sacando punta, porque quiero hacer algo nuevo contigo.

4. Marca: A donde quiera que vayas, deja tu marca, para que todos sepan que por allí pasaste. Porque fuiste hecho para que se te reconozca y dejes marca en aquellos que están cerca de ti, así que asegúrate de que dejas huella a lo largo de tu camino.

5. Mano: Te creé para cosas grandes, pero tú solo no puedes hacerlas, al menos que estés en la mano de alguien grande. Cuando él o ella te tome en mano, hará cosas extraordinarias contigo. Otros querrán tomarte en su mano, para marcar baños, pupitres… Pero para eso yo no te he creado, estás hecho para

grandes escrituras, así que deja que el que te ama, te tome en su mano.

6. Grafito: Lo más importante es tu interior, lo que llevas dentro. Por fuera te podrán morder, rallar, quitar la pintura… Pero lo más importante es lo que llevas dentro de ti.
7. Quebrantamiento: Habrá algún momento en tu vida, en el que personas, situaciones o eventos, producirán un quiebre en tu vida y cuando eso suceda, pensarás que ya no sirves para nada, creerás que todo habrá terminado porque tu vida ha sido partida… Pero recuerda, con mi afilador o sacapuntas, puedo sacarle punta a los trozos que han quedado y hacer muchísimo más con los nuevos trozos que como eras antes.

No olvides, tengo un propósito en tu vida y ese propósito, nada ni nadie lo detendrá, por lo tanto, no te desvíes del camino mirando las pequeñas circunstancias o pequeñeces que te rodean, solamente mira a aquel que te hizo con un propósito".

No sabemos si el creador del lápiz realmente tuvo esta inspiración. De algo podemos estar seguros y es que, si decidimos tomar esta ilustración personalmente, nos inspiraremos en aquel que nos creó y nos ama; que desde antes que naciéramos ya había destinado propósito de vida en nosotros. Sabiendo esto miraremos las aflicciones desde otra perspectiva, estando seguros que estas nunca han sido ni serán para consumirnos o destruirnos, sino para revelar identidad y propósito.

A principios del año 1982, después de una temporada en la ciudad de Chicago, decidí regresar a Puerto Rico. Era muy joven y estaba en la edad de la diversión extrema. Me gustaba asistir a conciertos de música en vivo. Descubrí un lugar específico en la capital donde podía estar siendo menor de edad, al menos para disfrutar de la música, aunque sabemos los adultos que no siempre fue así. Recién llegado a Puerto Rico conocí a Modesto, un joven talentoso entusiasta y agresivo en lo que se proponía. Supe que era músico, por lo que le mostré algunos discos de música que le llamaron la atención.

En poco tiempo, como él tenía permiso para manejar, logré ir a varios eventos musicales. Mi amigo me había dicho que en ocasiones tocaba la guitarra en la iglesia. Realmente yo no tenía idea de qué se trataba y no le presté atención, así que nuestro tema siempre fue la música y los lugares donde había bandas en vivo. Recuerdo como si fuera hoy, un viernes me llegó la noticia de que se presentaría una buena banda de Rock en San Juan. De inmediato fui a invitar a Modesto. Él me dijo que podía, pues le habían dejado un auto para limpiar ese fin de semana.

Cerca de las siete de la noche emprendimos el viaje a lo que para mí era la fiesta del mes. Luego, a unas cinco cuadras de mi casa, notamos que llamas de fuego salían por las esquinas del bonete o capo del auto. Fue impresionante lo que vimos, porque por aquella pequeña abertura salían chorros de fuego como si se hubiera partido una línea de gasolina. Nos detuvimos debajo de un poste de luz. Él apagó el motor, salió del auto y abrió el bonete, mientras yo me quedé en el asiento todavía anonadado por lo que había visto. Se asomó por el lado. Pude notar que estaba nervioso y lloroso. Me dijo que saliera para que viera lo que había sucedido. Cuando salgo y me acerco a ver, él me dice: "¡Mira! No hay rastro de fuego o quemaduras en el motor y menos fuga de gasolina". En ese momento quedé perplejo, sin palabras. Algo incrédulo, le dije que revisáramos bien. Así lo hicimos y para sorpresa nuestra todo estaba limpio, en buen estado y funcionando como nuevo, pues no había ni rastro de olor a quemado o gasolina. Mi amigo, aún nervioso, me miró, pues él entendía que aquello era una señal divina y me dijo: "¿Sabes para donde vamos ahora?" Yo pensando que, para San Juan, cuando de repente pronunció aquel conjunto de palabras que no escuchaba desde que era un niño "¡Vamos para la iglesia!" Como yo seguía asustado y temeroso, acepté. Aquella noche visitaba una evangelista de Nueva York que fue invitada a predicar. Por razones que hoy conozco, me quedé atento al mensaje de aquella joven predicadora y cuando hizo el llamado al altar levanté mi mano y decidí cambiar mi estilo de vida por seguir a Cristo. Aquella noche iba camino a una fiesta que no era mía ni para mí, en la que Jesús se cruzó en mi camino usando una fuerte columna de fuego que no consumió el área donde estaba, para llevarme a la mejor fiesta que un humano pueda estar, la de su encuentro con Él.

El recuerdo de aquella experiencia vive en mí, como si fuera hoy, viendo el fuego que simplemente ardió sin quemar nada. Aquello que pudo haber sido interpretado como una prueba o aflicción, vino a ser un llamamiento milagroso que más tarde me llevó al liderato evangélico y me hizo ser un evangelista y misionero por muchos años en algunos países de Latinoamérica. A partir de la experiencia de aquel motor que se quemaba y no se consumía, aprendí que las pruebas, no importa su naturaleza, nos dejan enseñanzas. Aunque todavía algunas me afligen a tal grado de sentir desfallecer, estoy convencido que no serán por mucho tiempo y que al final levantaré mis manos para adorar a Dios.

Todavía miro al cielo y le pregunto al Señor, ¿hasta cuándo? o ¿cuándo brillaré?, pero con una visión muy diferente de lo que es una prueba o aflicción, pues sé que todo pasará. Cuando somos capaces de dejar de etiquetar las pruebas como algo negativo, seremos más conscientes del plan de Dios en nuestras vidas. El apóstol Pablo en Filipenses 1:12 dijo: "***Quiero que sepáis, hermanos, que las cosas que me han sucedido, han redundado más bien para el progreso del evangelio***".

Una vez Dios nos trae a su redil, todo lo que pasemos, sea bueno o malo, y esto según nuestra perspectiva, estará ligado al cumplimiento del propósito y plan de Dios en nosotros. Por eso dentro de la aflicción no es recomendable concentrarnos en el dolor que nos provoca, más bien debemos restarle energía al pensamiento de fatiga y tristeza, reenfocando toda nuestra atención en Aquel que parece que no dice nada.

De esta manera, cuando nuestra atención esté puesta en el Señor, miraremos las pruebas como simples peones de nuestro crecimiento. Ya no cuestionaremos. Más bien, seremos capaces de escuchar a Dios en medio del fuego y así descubrir propósito.

"Porque esta leve tribulación momentánea produce en nosotros un cada vez más excelente y eterno peso de gloria" (2 Corintios 4:17)

6

En el cielo se oye, pero nadie contesta

¡Señor te estoy hablando! ¿Por qué no me contestas? Miles de creyentes a través de la historia se han hecho esta y otras preguntas similares, las que inundan nuestros pensamientos cuando comenzamos a notar la tardanza de respuestas a nuestras peticiones. En los primeros años de mi vida cristiana estaba fascinado por lo que entendía que era una comunicación directa de Dios con sus hijos.

Aprendí que Dios nos hablaba siempre: cuando cantábamos, cuando escuchábamos al maestro de escuela bíblica, en la predicación y hasta en un sencillo consejo que nos llegaba de alguien conocido o desconocido. ¿Y la oración? La oración era donde el Señor siempre escuchaba lo que teníamos que decirle.

Se cantaban muchas canciones o himnos que nos conectaban a la presencia de nuestro Creador, y entre tantos, recuerdo uno que decía: "¡en el cielo se oye lo que en la tierra se canta!" … Para mí ese cántico me llenaba de mucha inspiración, pues visualizaba el cielo entero escuchando nuestros cánticos y a Dios complacido por nuestra adoración a Él en cada servicio o momento individual. Sin duda, era una experiencia maravillosa el cantar sabiendo que arriba en el cielo todos los miembros de tan sublime lugar escuchaban.

Esto se convirtió en una verdad absoluta en mí. Me cautivaba sólo pensar en un cielo abierto cada vez que un creyente abría su boca con una alabanza o una oración a Dios. Quizá algunos de ustedes se identifican conmigo en que a las canciones que sabemos y cantamos le añadimos su respectiva imagen mental y tan bien elaborada que podemos sentir como si ya fuimos parte de esa escena. Por eso cuando nos reunimos como grupo de cánticos y adoración, nuestro ambiente se torna en una fiesta colectiva que en primera instancia se originó en el interior de cada participante.

Los cánticos a Dios han sido y siempre serán parte de nuestro servicio a él, unos con algarabía, otros más solemnes. Eso depende de cultura y contexto de fe de cada cual. Las formas y estilos no son lo importante, sino la intensión con la que se hace. Si pudiéramos recorrer distintos países de América o el viejo mundo y lográramos escuchar las diferentes formas de adorar a Dios a través de los cánticos, notaríamos de inmediato la gama de estilos rítmicos con todos sus derivados litúrgicos. Lamentablemente muchos no han podido superar la diversidad que existe en el cuerpo de Cristo aquí en la tierra, y, aunque independiente de que todos adoramos de distintas formas, Dios escucha todo lo que sus hijos cantamos y todo lo que le pedimos.

El salmista dice en Salmo 34:15: ***"Los ojos de Jehová están sobre los justos, Y atentos sus oídos al clamor de ellos".***

Aunque sólo he presentado un verso para sostener el tema en discusión, hay muchísimos otros que podemos utilizar aquí.

Lo importante es que estamos seguros de que en el cielo se oye lo que estamos transmitiendo a través de los cánticos y oraciones. ¿No es maravilloso estar convencido de esto? ¡Claro que sí! Nos crea un estatus de seguridad y firmeza, además de sentirnos refugiados en el Señor, mientras estamos presentes en un mundo tan inseguro. Esa convicción alimenta nuestra confianza. Observemos como aparece en 1 Juan 5:14 -15:

Y esta es la confianza que tenemos en él, que si pedimos alguna cosa conforme a su voluntad, él nos oye. Y si sabemos que él nos oye en cualquiera cosa que pidamos, sabemos que tenemos las peticiones que le hayamos hecho.

En el desarrollo de esa confianza descrita en el pasaje de Juan, existe un detalle implícito con el cual muchos de nosotros estaremos chocando por años: Dios nos oye cuando nuestro mensaje está en el contexto de su voluntad y propósito. A partir de esto, comenzamos una agonizante investigación de cuál es su voluntad. ¿Nunca le ha pedido a Dios que le muestre su voluntad? Quizá ha hecho muchas oraciones por dirección y voluntad y hasta ritos innecesarios que, en vez de acercarlo a la voluntad, lo alejan. ¿Cuántas personas de fe están sumergidas en lagos de angustia buscando día y noche el santo grial de la voluntad de Dios? Sólo para que Él los pueda escuchar y así le conteste la petición que tanto desean.

Me temo que muchos de los que esperan una señal del cielo, una voz o una palabra profética en sus vidas se la han pasado pidiendo mal, cantando mal y hasta adorando mal. Santiago 4:3 dice: ***"Pedís, y no recibís, porque pedís mal, para gastar en vuestros deleites"***.

El hermano de Jesús, que lo conocía muy bien, nos está tratando de educar en cuanto al secreto de la oración contestada. Por lo que pude notar en este pasaje, las personas a las que es dirigida esta carta, es decir los que tenían la semilla del evangelio y que era necesario que en la dispersión sembraran esa semilla pura y sin defecto, padecían de los mismos problemas que encontramos hoy en la grey del Señor. Por eso el texto ha sido preservado por el Espíritu Santo hasta hoy.

¿Dónde está el problema? En que les fue enseñado pedir, orar, clamar y hablar con Dios. Sólo que, en la ponencia ante Dios, aunque Él escucha, ni Él ni ninguno de sus mensajeros se asoma por lo menos a darnos una diminuta señal de que recibieron el mensaje y la contestación está a la consideración del Padre. Aquí es cuando caemos en ese círculo infinito de pedir y pedir y no recibir.

Con plena seguridad puedo decir que he estado ahí, buscando aire como pez fuera del agua, esperando una señal del cielo. Sí, del cielo que aprendí que siempre me escucha, pero que por alguna razón hace silencio cuando más he necesitado que alguien me responda. Sobre el silencio en el cielo estaré hablando más adelante en otro capítulo, mas lo que ahora nos concierne es comprender las razones por las que nadie responde en el cielo. Santiago, el hermano de Jesús, nos dice que es debido a que pedimos mal y esto no es otra cosa que interpretar la información que nos fue dada respecto a la comunicación con Dios. El hablar con nuestro Creador es uno de los privilegios más grandes que el ser humano pueda tener y lo hemos obtenido mediante Jesucristo.

Ese privilegio había desaparecido parcialmente desde el Edén. Aquella comunicación directa de Dios con sus hijos quedó sólo para algunos a los que Dios había seleccionado como sus mensajeros con el fin de dirigir al pueblo a su propósito. Debemos comprender claramente que Dios en Cristo nos devuelve lo que les fue quitado a los antiguos habitantes del planeta, no sólo hablar con Él directamente, sino el estar ante su presencia. Todo esto fue recuperado a partir de la muerte y resurrección de Cristo.

Pablo en su carta a los Efesios 3:12, hablando de Cristo Jesús, dice: ***"En quien tenemos seguridad y acceso con confianza por medio de la fe en él"***. ¿Seguridad y acceso a qué o a quién? Pues al Lugar Santísimo donde habita Dios, según los versos 19, 20 y 21 del capítulo 10 de Hebreos.

Así que, hermanos, teniendo libertad para entrar en el Lugar Santísimo por la sangre de Jesucristo, por el camino nuevo y vivo que él nos abrió a través del velo, esto es, de su carne, y teniendo un gran sacerdote sobre la casa de Dios...

Ahora bien, si esta verdad es una convicción nuestra, ¿cómo es posible que estemos pidiendo mal? Echémosles un vistazo a las últimas cinco palabras de Santiago 4:3: ***"para gastar en vuestros deleites"***. En mis años de estudiante bíblico, recuerdo que muchos profesores constantemente nos amonestaban sobre tener cuidado con los predicadores y maestros que siempre tenían en sus labios la palabra "Yo". Estos eran los que sólo se alababan, los que hablaban de sus logros más que de las Escrituras; su nombre sobresalía más que el de Jesucristo.

La advertencia siempre fue a evitar siquiera escuchar sus mensajes, pues tenía alto contenido de ego; era carnalidad vestida de piedad. Los de aquella generación no sólo vivimos evitando este tipo de mensaje, sino cuidándonos de ser protagonistas ególatras vestidos de siervos ungidos o maestros elocuentes, cuando en la intención abundaba más el interés propio que la exaltación a Dios. Si nuestro concepto sobre nosotros mismos está presente en lo que hablamos en niveles desproporcionados, esto es desde mi punto de vista, más del uno por ciento, ¡ya es tóxico!

Recordemos cuando el forastero de Edén logró inflamar el ego a los habitantes del huerto diciendo: "¿Conque Dios ha dicho?" Y luego: "sino que sabe Dios que el día que comáis de él, serán abiertos vuestros ojos, y seréis como Dios, sabiendo el bien y el mal".

A partir de ese momento, cuando aquella semilla cayó y germinó en el "Yo" de la primera pareja, el ego se convirtió en el enemigo de la humanidad. No hay que mirar tan lejos. Basta con hacernos un examen introspectivo y si somos lo suficientemente honestos con nosotros mismos, nos sorprenderíamos cuán saturados de ego estamos.

Entonces pedimos mal porque nuestro ego se interpone y sea que esté consciente o inconsciente, invade el terreno de Dios. Por defecto, nos distanciaremos de la zona donde la genuina presencia de Dios opera. ¿Qué hace un ego desproporcionado? Deja inoperante el fluir de la obra del Espíritu de Dios en nosotros.

En el segundo capítulo titulado "Si Dios me habla, ¿por qué no lo oigo?", mencioné que una de las razones por las que no escuchamos a Dios es por la dependencia de otras voces, sean teológicas, racionales o emocionales. Aunque las muchas voces pueden ser exuberantes ruidos, la voz del ego puede ser un diminuto susurro capaz de opacar lo que el cielo nos quiere decir.

Cuando la voz de la razón se confabula con el ego seremos semejantes a la nave que salió de un puerto seguro con rumbo a ninguna parte. No tiene orientación ni sabe para qué zarpó. Sólo sabe que hacerlo es divertido y placentero, aunque no tenga propósito. Así son muchos de nuestros deseos y deleites; vacíos, carentes de propósitos de vida, efímeros, que sólo satisfacen por un instante obviando todo lo que produzca madurez, fortaleza y provoque destino de Dios en nosotros.

Si nuestra oración no está a fin con el propósito divino, entonces es para nuestro deleite o satisfacción. Ahora, no me tome a mal. Oramos por bienestar, por salud, y por prosperidad, pues, ¿quién no quiere vivir en abundancia? ¿Tener mejor casa, negocio u otras cosas que sólo nos bendicen en términos materiales? No hay nada malo en eso, pues estoy seguro que esa vida se puede vivir siempre y cuando esté en el propósito divino y hemos trabajado para alcanzarlo.

Me crié en un hogar pobre en términos materiales. De muy pequeño aprendí que el señor Claus y los reyes magos no eran reales. Lo único que se escuchaba en mi casa era que nadie tenía el dinero para comprarme los juguetes que yo anhelaba, si era que mencionaba que deseaba alguno. Cuando visitaba en navidad a mis hermanos, pues yo fui criado por mi abuela, veía que ellos sí habían recibido regalos grandiosos desde mi punto de vista. Aunque al principio no entendía, no pasó mucho tiempo para comprender que se trataba de que los padres podían o no comprar tales regalos para sus hijos.

Mi vecino contaba con bonitos juguetes y como siempre acostumbraba a llamarme para que jugara con él, yo no sentía la necesidad de tener los míos. Además, él acostumbraba a separar parte de sus juguetes para que cuando yo llegara a su casa siempre utilizara los mismos con la condición de que no me los llevara a mi casa. Aunque llegué a tener uno que otro juguete de mi propiedad, crecí con la mentalidad de que, si no lo tengo, no lo necesito y, aunque eso es no del todo cierto, me ha ayudado, como dice el apóstol Pablo, a contentarme con cualquiera sea mi situación.

> Cuando la vida se nos torna gris en nuestro interior, cuando parece que todo se confabula en nuestra contra y los pensamientos se alinean en sendas de justificar la miseria emocional que vivimos para desvalorizarnos, entonces hemos sido presa de la frustración haciendo que nuestro entorno sufra drásticos cambios, sólo por la interpretación de un simple y errado sentimiento de impotencia por no haber alcanzado lo que esperábamos.

¿Me hace esto exento a pedir mal o a pedir con motivaciones consientes o inconscientes de acuerdo con mi ego? No. Mientras seamos humanos lucharemos con nuestra naturaleza caída y con el intenso poder de nuestro ego. Por eso muchas veces pedimos y no sabemos para qué pedimos. En Romanos 8:26 a mitad del verso, Pablo dice: ***"pues qué hemos de pedir como conviene, no lo sabemos"***.

¿Sabe realmente lo que le conviene a su vida? Probablemente tenga una lista de las cosas que le harían sentir feliz o en completa realización. Todo esto siempre será desde la perspectiva de su ego, a menos que su petición sea hecha conforme al designio de Dios. En otras palabras, orar conforme a la voluntad de Dios. Y esto sólo lo logramos con la ayuda del Espíritu Santo que nos ayuda en nuestra debilidad. El Espíritu Santo de Dios que conoce cuál es su voluntad

¿Cuál sería otra razón por la que podemos pensar que, si en el cielo nos escuchan, por qué nadie responde? Las frustraciones, ¿quién no las ha tenido? Ellas nos siguen como sombras en un día soleado, y es que parece el cuento de nunca acabar. La frustración es una respuesta que da nuestro ser interior a expectativas no logradas; más bien un estado de imposibilidad, decepción y tristeza emocional que nos arropa a tal magnitud que puede cambiar el curso de nuestra vida en un momento, y que si nos descuidamos puede lanzarnos a la depresión.

Recuerdo a algunos hombres en la Biblia que manifestaron su frustración como vapor de tren a alta velocidad. Uno de ellos fue Job. En Job 7:3, él dice: ***"meses enteros he vivido en vano; ¡me han tocado noches de miseria!"*** (NIV). Si alguna vez has repetido o dicho palabras similares a estas, entonces sabes lo que es una frustración al borde de la depresión.

Cuando la vida se nos torna gris en nuestro interior, cuando parece que todo se confabula en nuestra contra y los pensamientos se alinean en sendas de justificar la miseria emocional que vivimos para desvalorizarnos, entonces hemos sido presa de la frustración haciendo que nuestro entorno sufra drásticos cambios, sólo por la interpretación de un simple y errado sentimiento de impotencia por no haber alcanzado lo que esperábamos.

Descendemos a lo más profundo del pantano de nuestras ideas herradas en una burbuja de hipérboles que, haciendo envanecer la razón, nos lleva a comer del fruto prohibido del bien y el mal; creyendo mentiras con apariencia de verdad y obligando a la sensatez a vestirse de necedad. Desde el altar de la frustración sacrificamos las cosas de más valor en nuestras vidas. De allí Job vio que vivía sus meses en vano, como que nada tenía sentido; incluso sus noches eran miserables. Al final del libro, Job 42:3 dice:

"¿Quién es el que oscurece el consejo sin entendimiento? Por tanto, yo hablaba lo que no entendía; cosas demasiado maravillosas para mí, que yo no comprendía".

Uno de los peligros de la frustración es hablar lo que no podemos entender y comprender. En la ira que puede traer tal estado mental, pensamos que comprendemos perfectamente y que somos capaces de emitir justo juicio a nuestra condición hasta que somos confrontados con la verdad de Dios. Job tuvo que reconocer que la frustración era realmente vana y sin propósito, por lo que sus últimas palabras registradas dicen:

"De oídas te había oído; mas ahora mis ojos te ven. Por tanto, me aborrezco, y me arrepiento en polvo y ceniza."

Job fue un hombre de fuerte temperamento que muchas veces trató de etiquetar a Dios y su juicio a partir de sus frustraciones. Nosotros lo hemos hecho en muchas ocasiones cuando se nubla nuestro entendimiento y miramos hacia arriba diciendo, Señor, ¿por qué a mí? ¿Cuándo me vas a atender? ¿Será que ya no me escuchas? Al final Job, entendiendo su error, se arrepintió de tal manera que se humilló ante Dios y fue bendecido en gran manera hasta el último día de su vida.

Así como Job, un hombre temeroso de Dios, pero cargado de humanidad, hay muchos en la Biblia que podemos usar como ejemplo de quienes están seguros que Dios los escucha, pero por alguna razón el cielo no da el mensaje que ellos están esperando o quisieran escuchar. El profeta Jeremías es uno de los que he querido mencionar por muchas razones. Sé que muchos lo incluirían en la lista de los hombres de Dios que se desanimaron en el proceso que les tocó vivir.

Jeremías desde muy temprano había recibido la palabra de Dios que lo confirmaba como profeta. Jeremías 1: 4, 5 lee así:

"Vino, pues, palabra de Jehová a mí, diciendo: antes que te formase en el vientre te conocí, y antes que nacieses te santifiqué, te di por profeta a las naciones".

Antes de su nacimiento ya el Señor había establecido un plan para usarlo como profeta. Si estudiamos su libro nos damos cuenta de cómo Dios lo usó poderosamente en su genuino ministerio de profeta. Contrario a la cantidad de profetas glamurosos de nuestros tiempos, Jeremías fue un profeta que sufrió soledad, encarcelamiento y la mofa por parte de todos los que estaban al alcance de su mensaje.

Mientras Dios lo usó poderosamente en profecía advirtiendo a Judá el cautiverio que venía sobre ellos, parecía que del cielo nunca salió una palabra de aliento para él, pues ni siquiera tomaban en serio la palabra que dirigía a otros. ¿Puedes imaginar tantos años en un ministerio que simplemente no daba frutos? Un llamado que aseguraba que sería profeta de naciones, cuando su ministerio se concentró en Israel.

Antes de continuar, debo aclarar que Dios no le mintió a Jeremías cuando le dijo que lo dio por profeta a las naciones, aunque su palabra profética no salió de Judá. Para esto debemos poner en perspectiva que Dios habla desde la eternidad donde no existe tiempo ni espacio. La palabra que el Señor da a un individuo no necesariamente se tiene que cumplir en su tiempo. Hay algunos ejemplos en la Biblia al respecto. Por otra parte, el libro que contiene las profecías y vida de Jeremías está incluido en la Biblia, la cual ha sido el libro más leído en la historia de la humanidad, llegando a cada nación de nuestro planeta.

Después de esta aclaración, cabe mencionar que el profeta llega a un nivel de frustración, donde decide poner un alto al ministerio que simplemente no le ha dado fruto ni alegrías ni respeto entre los suyos. Entonces reaccionó como muchos de nosotros en algún momento dado de nuestro caminar en Cristo, por las frustraciones que no terminan, por personas que simplemente no nos entienden o toleran, por aquellos que pudieron simplemente respetar lo que Dios estaba haciendo con nosotros y sólo se convirtieron en muro de tropiezo para que no sirviéramos a Dios en lo que Él había diseñado para nosotros.

El profeta cansado quizá de mirar al cielo y no recibir la voz de respaldo que necesitaba dijo: "No me acordaré más de él, ni hablaré más en su nombre". Sí, porque no tiene sentido que sigamos haciendo algo que no da fruto, según nosotros, que comunicamos por doquier este mensaje y la gente no responde. ¿Para qué seguir con algo que ni Dios nos habla siquiera para decirnos si vamos bien o mal? Entonces como el cielo no dice nada, medimos el éxito del llamado con números y respaldo de personas.

En nuestro tiempo muchos miden el éxito basado en la aceptación y respaldo. Así como en las redes sociales los "Me gusta" o los miles de seguidores dan "estatus" a muchos sin importar la calidad del contenido, basta con navegar en las redes para ver la esquizofrenia social en que sucumbe nuestro mundo. La trivialidad y el entretenimiento son los nuevos dioses del sistema. Quienes logran convertirse en profetas y predicadores de este nuevo orden en las comunicaciones son los que más seguidores tienen y a esto se le llama éxito, mientras los que llevan el mensaje del evangelio son burlados, señalados y rechazados por una generación que presume tener libertad sin saber que está condenada a un cautiverio inminente.

Aunque Jeremías sufrió el silencio del cielo en relación con su persona, Dios nunca lo abandonó, pues le preservó la vida y lo sacó de la cárcel. Hasta tuvo el favor de Nabucodonosor cuando le pidió al capitán de su guardia cuidar del profeta. La tradición dice que murió en Egipto, pero nos queda claro que su vida y ministerio fue en Israel. No sé en realidad qué pensaría el profeta, pero sé que cientos de noches de angustia, desolación y tristeza pasaron por su vida. Donde quizá alzó su mirada al cielo esperando una palabra de aliento, consuelo u orientación que le diera el descanso emocional que su alma apetecía.

En nuestras palabras, Jeremías, impulsado por la tristeza y frustración, dijo que no quería saber de Dios ni hablar más de él. ¿Puedes imaginarlo? Sé que sí, porque de una manera u otra, a mayor o menor escala hemos sentido lo mismo; que Dios nos usa, que podemos llevar su palabra o que podemos ser excelentes líderes en su obra, pero que cuando se oscurece el cielo de nuestro calvario, no escuchamos una sílaba de refrigerio espiritual que nos alivie el peso de nuestra propia cruz.

EL MALGENIADO JONÁS

Uno de los casos más interesantes que encuentro en la Biblia sobre el temperamento y carácter de los protagonistas de este libro es el de Jonás. Su estigma es el profeta que ignoró el mandato de Dios y huyó. No voy a exponer aquí quién era Jonás, su misión, ni analizar su corto libro. Más bien deseo mostrar al hombre que es, como nosotros, que, aunque temeroso de Dios con un llamado contundente a ser la voz profética del momento, luchaba con sus debilidades temperamentales que lo hacían a los ojos de los demás un hombre desobediente, iracundo y depresivo.

Contrario al profeta Jeremías, cuando la gente de Nínive y su rey escucharon a este malgeniado profeta, creyeron su palabra y se arrepintieron. Se supone que este masivo arrepentimiento trajera contentamiento a Jonás, pues en este tiempo nuestro, se vería como un éxito ministerial de gran escala, o sea avivamiento en pleno, sobre una ciudad. En estos tiempos actuales, esta sería la noticia del momento en todos los muros de Facebook y otros medios noticiosos. Pero no, él sabía que el cielo escuchaba, pero nadie respondía a su causa, porque todas sus expectativas eran aplastadas por un plan superior que él no acababa de comprender. Jonás era como un profeta terrorista: si le fallabas a su Dios, este traería juicio repentino hasta exterminarlos. ¿Qué tal si Dios en vez de perdonar la gente de Nínive los hubiese borrado a todos de la faz de la tierra? ¿Crees que el profeta sentiría satisfacción por el exterminio? Pienso que sí, y, por favor, no piense mal de él, pues él, así como Saulo de Tarso, pensaba en que estaba haciendo lo correcto por amor y pasión a Dios. Conozco muchas personas que tienen tanta rabia porque la gente es pecadora y no acaban de arrepentirse de sus malos caminos. Ellos ardientemente desean juicio, fuego y azufre para la sociedad. No puedo decir que estas personas no son gente de Dios; sólo han sido mal instruidos por maestros que no han profundizado en la misericordia de Dios. Como sólo conocen a un Dios vengador, ellos aprenden a pregonar venganza divina, o sea, un mensaje de juicio y miedo. Este mensaje cala tan profundo en su sistema de creencias que no pueden comprender cuando Dios salva a gente tan mala. ¿Qué pensaba Jonás cuando después de salir de predicar uno de los mensajes más efectivos en la Biblia, se sienta a esperar que algo le ocurriera a aquella gente?

Estoy seguro que el bloqueo con el cielo estaba llegando a su máximo nivel. ¿Cómo debe haber sido su oración? ¿Cuánto reclamo, demanda y hasta exigencias pudo enviar al cielo en oración? Note que Jonás se acomodó, buscó una sombra y entró en el modo de una fe errónea que le dictaba el juicio de Dios inminente para aquella gente.

Allí bien entretenido en su equivocada convicción, pudo haber pensado que Dios al final eliminaría aquellas personas por su vida pecaminosa, pero esta vez el cielo no pronunció palabra a su favor. Nadie allá arriba dijo nada. ¿Sabe por qué? Porque las misericordias de Dios son más grandes que los cielos y eso incluye nuestra forma de ver las cosas. Dios tiene misericordia y salva a quien quiere, nos guste o no.

Jonás se molestó hasta desear ardientemente su muerte. Dios lo removió de su cómoda expectativa, para mostrarle que, aunque estaba sucumbido en el lodo de su error, Jehová también lo amaba y tenía compasión de él.

Cuando por primera vez hice esta expresión de que en el cielo se oye, pero nadie responde, no conocía que había entrado en un círculo de ansiedad y que empezaba a deprimirme porque mis expectativas no habían sido alcanzadas. Lentamente fui sucumbiendo en el letargo de la desesperación y mi comunión con Dios se iba deteriorando cada vez más. Sin que me diera cuenta, razonaba con ideas aparentemente lógicas, pero contrarias a la opinión que Dios tenía de mí.

Es triste cuando un creyente entra en esta zona tóxica. Destellos de necedad vestidos de pensamiento racionales inundan su alma. Es aquí cuando la fe se deteriora, y mirando al cielo se dice: ¿Por qué no me respondes? ¿Cuál es mi pecado? ¿Qué estoy pagando? ¿Por qué a mí? Hay quienes tienen la facultad de hacer una retrospección encontrando todo lo malo que les ha venido desde muy temprano en su vida. Ya a esta altura llega una de las preguntas más peligrosas que un ser humano pueda hacerse. ¿Y si todo esto del mundo espiritual es una falacia? O ¿realmente Dios existe? Si hiciéramos estas preguntas en público, no faltarían las etiquetas y los jueces que con su dedo acusador nos señalarían.

Salir de ese embudo emocional requiere la ayuda del Espíritu Santo, la lectura de la palabra de Dios y un hábito de vida devocional al Señor. Cuando logremos esto de manera consecuente, nos daremos cuenta que Dios nos ha estado hablando todo el tiempo, sólo que nuestra frustración nos ha bloqueado su dulce voz. Mientras estábamos creyendo que Dios nos escuchaba, pero no respondía, en su amor y misericordia nos guardaba de todo lo que podía hacernos daño preservándonos para cumplir su propósito.

Hoy cuando me llega una frustración, mi mejor terapia para salir y deshacerme de ella, es saber que Dios no ha cesado de hablarme, que mi vida fue diseñada con propósito y que aun en su aparente silencio puedo decir y hasta tararear que en el cielo se oye lo que en la tierra se canta.

¡Qué gran verdad!

7

No grite que Dios no es sordo

A mediados de la década de los ochenta decidí mudarme a la ciudad de Asbury Park, Nueva Jersey. Ya había pasado dos años y medio después de aquella experiencia del fuego, el auto y la iglesia en Puerto Rico. Estaba apenas comenzando en la vida del cristianismo y confieso que me sentía muy abrumado por todo lo que veía y escuchaba.

Hoy entiendo que mi viaje a Estados Unidos de ida y sin retorno, fue más bien mi huida y refugio de las cosas que no entendía, pero que tampoco contaba con la capacidad o madurez para enfrentar los retos que conlleva seguir el camino.

Cabe señalar que nuestros tropiezos y caídas nos elevan más a la altura y madurez que ha sido diseñada con el fin de cumplir el propósito divino en cada uno de nosotros.

Yo había sucumbido en mis temores y corajes por no comprender el lenguaje y tono con el que Dios me estaba hablando. Esto me llevó a no querer saber más del camino a la asamblea de cristianos. Pasado un corto tiempo comencé a trabajar en una reconocida panadería que suplía a más de cuarenta tiendas en varios estados del este.

Allí conocí a un hombre de aspecto cansado, pero impetuoso de personalidad. Su nombre era Víctor, gran amigo, consejero y muy devoto seguidor de Cristo. Él en su juventud fue luchador profesional. No hablaba mucho de sus experiencias en el ring porque me decía que ahora luchaba para que todo el mundo conociera a Jesús como salvador personal. Se enteró de que yo había dejado el camino y que estaba muy confundido en muchos aspectos concernientes al cristianismo.

Así que subió al ring de mi campo emocional y comenzó a zarandearme cada día con su estilo típico de evangelizar, repito, ¡cada día! Yo vivía en un letargo emocional hasta que un día caí a la lona de aquel cuadrilátero que sin duda era mi zona de confort; aquel luchador me enfrentó, literalmente me amenazó y después de haberme echado una llave al alma de la cual no pude escapar, me trajo de regreso a los pies del Maestro.

Víctor no sólo era un hombre fuerte corporalmente, sino que tenía una voz potente, de esas que retumban cuando se da una orden. Sí, ¡hablaba duro! Y era de los que le gustaba alabar a Dios con fuerza, por lo que es mejor no estar parado a su lado en una congregación al momento de un servicio en curso.

Una vez estando él en un culto en la ciudad de Nueva York, alabó a Dios tan fuerte que la joven que estaba a su lado le dijo: "hermano, no grite, que Dios no es sordo". Él siendo un alterado jocoso, le respondió: "¡Pero tampoco padece de los nervios!"

Sin ánimo de encajar a Dios en nuestras ideas antropomórficas, quedó en mi mente por muchos años aquel reclamo, ¡tanto que bajé el tono de mi alabanza al Señor!

Seguido de esto comencé a indagar el por qué muchas personas lo hacen así. Descubrí que la gran mayoría de los seres humanos son influenciados por las neuronas espejo. Estas son las responsables en nuestro cerebro de imitar las cosas, como palabras, gestos o cualquier otra acción, que desde nuestro subconsciente llame nuestra atención.

> El peor estado de deterioro que puede vivir el ser humano es la falta de conocimiento de Dios. Conocer a Dios es una relación íntima con Él, pensar, hablar, actuar como si lo viéramos en todo momento, vivir con Él y su palabra en mente.

Muchas veces escuchamos a nuestros mayores decir: "dime con quién andas y te diré quién eres". Lo que este refrán nos quiere decir es que con quien estés, o donde estés y le dediques mucho tiempo, algo aprenderás e imitarás de ese grupo o persona. No es otra cosa que adaptarte a tu entorno. ¿Ha visto alguna serie de televisión donde los personajes hablan con un acento diferente al suyo? Después de varios capítulos, inconscientemente, ya sabe hablar como ellos. Eso es gracias a las neuronas espejo. Esto lo vemos en todas las esferas de nuestra vida: aprendemos el estilo de nuestros padres, amigos, escuela, lugar de trabajo, universidades, clubes, iglesias, etc. Adaptamos todo lo necesario para sentir pertenencia. Si queremos estar ahí, nos formaremos como ellos. Y, aunque es una espada de doble filo, porque debemos procurar aprender lo que nos aporta al crecimiento personal y rechazar lo que puede ser tóxico, nuestro cerebro siempre estará en la necesidad de adaptación.

El apóstol Pablo en 1 Corintios 11:1 dice: *"Sed imitadores de mí, así como yo de Cristo"*. O sea, él es la referencia de Cristo en medio de sus seguidores. No sabemos si todo lo que él modeló fue correcto; de todos modos, la imperfección permea en nuestras referencias y en nosotros mismos. El estilo de gritar la alabanza como el de mi amigo y hermano Víctor respondía a su temperamento como a su círculo de influencia. Del mismo modo, la joven que encontró tropiezo en la adoración de su vecino.

Ahora bien, ¿qué tiene que ver todo esto con nuestra comunicación con Dios? Pues mucho, porque el escuchar verdaderamente a Dios o identificar lo que realmente le está hablando, va a depender de la fuente de conocimiento con la que usted se nutre.

Con esto me refiero al fundamento que se adquiere en los primeros años como creyente, a los maestros que escuchamos y la liturgia que conocemos. Todo esto y más afecta de una forma u otra la manera en que decodificamos lo que Dios nos habla. A lo largo de este peregrinar, he visto a muchos que han aprendido a enseñar a otros, predican muy bien, cantan como ángeles, son grandes líderes y hasta excelentes exponentes en los medios de comunicaciones, y no me tome a mal, creo que eso está bien. La triste verdad es que gran grupo de ellos, aunque aparentan lo contrario, nunca han aprendido a escuchar a Dios.

Ser hábil en un púlpito jamás será señal de que existe buena comunicación de esa persona y su Creador. La liturgia y los adornos de nuestra adoración se pueden tornar carnales y tóxicos al espíritu, mientras inflan el ego haciéndonos creer que tal desempeño es el resultado de una comunicación directa con el Señor.

Pienso que hay quienes engañan a sabiendas, pero también hay muchos que no están conscientes de su error porque sólo imitaron a sus tutores o maestros; se adaptaron a un sistema al que nunca cuestionaron o al que no confrontaron con la palabra de Dios, dándolo por bueno, santo, intachable e irreprensible. A través de la historia se han cometido muchos pecados en nombre de Dios, algunos con conocimiento y otros cargados de ignorancia.

En mi humilde opinión ambos son culpables. Recuerde cuando el Señor dijo: *"Mi pueblo fue destruido porque le faltó conocimiento"*. ¿Qué conocimiento? ¿Conocer qué, o a quién? A Dios por supuesto, pero debemos poner en perspectiva que para conocerlo se necesita comunión con Él, escucharlo a Él y dentro de todo esto, saber y estar seguro que es su voz la que se escucha. El no conocer a Dios acarrea destrucción. Lo que se destruye es algo que una vez fue construido, que estaba en orden y plena armonía. Esto lo visualizo como separación. Recuerde que el pecado que vino por una distracción separó a los moradores de Edén de la fuente que emanaba de Dios, de su comunión y beneficios. Esto es suficiente destrucción.

El peor estado de deterioro que puede vivir el ser humano es la falta de conocimiento de Dios. No me refiero a saber la Biblia de memoria o dar cátedra de escatología o algún título en la materia que sea, cristiana o secular. Conocer a Dios es una relación íntima con Él, pensar, hablar, actuar como si lo viéramos en todo momento, vivir con Él y su palabra en mente.

¿Pero qué sucede cuando simplemente la relación que debemos tener con Dios va perdiendo importancia debido a los ruidos y distracciones que nos asechan? Es aquí cuando esa relación se desvanece y ahora en su lugar acomodamos el trabajo para volvernos más talentosos, más profesionales y más dignos de admiración. Entonces comienza la sed de aceptación y reconocimientos. Se impresionan y enorgullecen cuando en las redes sociales tienen muchos seguidores, muchos "me gusta" y la gente los cita o comparten sus comunicados.

A medida que el creyente se separa de la comunión con Dios y de su palabra, se va secularizando, tomando la forma del dios de este siglo, o sea del sistema moderno. ¿Cuál cree que es el resultado? Sé que ya contestó, sí, un desastre espiritual incapaz de ser percibido debido a la racionalización del por qué las cosas son como son. Poco a poco aparecen las preguntas, las que no tienen base espiritual y como están formuladas desde nuestra humanidad, aparece la respuesta ideal para saciar esa curiosidad. Le pasó a Eva en Edén y les pasa a muchas personas que están en este camino intentando comprender lo espiritual desde una perspectiva académica. Los tales terminan en el lado oscuro de la lógica, la filosofía y la razón tangible de este mundo.

Pero dejando en este momento el mundo gnóstico y regresando al diario vivir del creyente sencillo y humilde que por alguna razón comienza a descuidar su perspectiva cristiana, este se va adaptando al peligroso terreno de la secularización. Esto ocurre porque desde ese terreno no pueden escuchar la genuina voz de Dios. Entonces cuando ven que Dios no responde, memorizan la Biblia, se llenan de autoridad, aprenden y repiten las demandas de otros a Dios, haciendo malabares con el fin de intentar llamar la atención de Dios y manipularlo.

Recuerdo el caso bíblico de Elías y los cuatrocientos profetas de Baal. Esto lo puede leer, sin importar registro alguno de cuándo aparecieron, en 1 Reyes 18, a partir del verso veinte. El profeta Elías, para mostrarle al pueblo que Jehová su Dios era real y que Baal y la lista de los demás dioses eran inventos humanos, propuso un reto que dejaría en evidencia al verdadero Dios. Se trataba de que en un espacio, ambos tomarían leña, pondrían un animal en pedazos y clamarían a sus respectivos "dioses" para que consumiera el holocausto con fuego.

La seguridad del profeta Elías, me imagino con mucha serenidad, lo lleva a concederles el primer intento a los profetas de Baal. El relato muestra que aquellos prepararon todo según lo acordado; invocaron a su dios desde la mañana hasta el mediodía y andaban saltando alrededor del altar, pidiéndole a Baal que respondiera. Pero ¿qué pasó? Nadie respondía, así que cambiaron su tono de plegaria pacífica por clamor y ruego, dando grandes voces, entiéndase ¡gritando! y de esta forma estuvieron no tan solamente en la mañana, sino hasta después del mediodía. Como dice el verso veintinueve, *"gritando frenéticamente"*.

¿Qué deseo señalar con lo que acabo de mencionar? La actitud desesperante de un grupo de llamados profetas. Posiblemente maestros y tutores de un dios al que realmente no conocían porque no existía ninguna comunicación con él. Era un dios basado en la teoría de su existencia, en la lógica de sus escritos históricos la cual daban por cierto.

Una vez leí que los gritos son señal de debilidad. Creo más, son un escudo entre el mundo que nos rodea y nuestras inseguridades. Ciertamente los profetas de Baal gritaban frenéticamente porque dentro de ellos la inseguridad, el miedo, o mejor dicho el terror, se apoderó de sus mentes a tal grado que se auto laceraban, derramando su propia sangre, según era costumbre.

¿No es esto lo que vemos hacer a muchos hoy día desde sus plataformas, proclamando conocer la existencia de conceptos que se convierten en sus dioses? ¿Hasta dónde los seres humanos son capaces de fingir sus postulados y filosofías huecas que intentan demostrar la existencia de un dios que sólo vive en la dimensión donde radican sus intereses personales?

Ahora, en lo personal y como fieles seguidores de Jesucristo, tenemos momentos donde al no escuchar la respuesta a nuestra oración, nos ataca la desesperación sintiéndonos impotentes ante ciertas situaciones de la vida. Cuántas veces he ido manejando mi auto meditando en aquellas cosas en las que necesito la intervención de Dios urgentemente y de repente grito: "¡Dios! ¡Escúchame!... ¡Dios por favor! ¡Contéstame porque no puedo más! He llorado a solas, me he llenado de frustración sintiendo el cansancio emocional por no poder resolver lo que me agobia".

En mis primeros años de creyente, sucumbía en la creencia de que tenía que orar más, ayunar más, cantar más, hacer obras cristianas día y noche para encontrar el favor de Dios y tenerlo de buenas cerca de mí, sin saber que esas obras me confinaban a tener un concepto erróneo de Dios. Me gustaría que entendiera que necesitamos hacer una vida de relación genuina con Dios donde es más importante conocerlo, que hacer esas cosas para que Él nos conceda lo que queremos.

Gritarle a Dios nunca será más efectivo que conocerlo Aquella hermana lo sabía.

Me llama la atención la seguridad y la autoridad de ella, cuando dijo: "no grite, que Dios no es sordo". Es como si esta tuviera un conocimiento claro de todo lo que tiene que ver con Él: su teología, su relación personal y sus atributos. Al decir que no grite, es como que ella lo conoce muy bien, y de eso se trata, de conocerlo. ¿Pero cómo lo conoce? La única forma segura que tenemos es a través de la recopilación de escritos que componen la Biblia. Su lectura y estudio nos lleva a una comprensión sólida de quién realmente es Dios, sus atributos. Dentro de eso, está no tan solamente identificar su voz, su palabra, sino también conocer cuando Él hace silencio. Incluso más allá, conocer qué quiere decir mediante su silencio. Entonces le adelanto que para poder escuchar el silencio de Dios necesitamos conocerlo, saber cómo se manifiesta, cómo hace las cosas y cómo crea milagros.

Conocí a Víctor tan bien que puedo imaginar su reacción ante semejante argumento. Aunque no sé quién fue la joven, creo poder comprender su actitud y firmeza al hablar con tanta seguridad de un atributo de su Creador. ¡Dios no es sordo! Ella estaba segura de eso, ¿quién se lo dijo? Lo aprendió de Dios mismo y de su palabra. Un verso que aprendí siendo muy joven que se encuentra en Isaías 59:1 dice: ***"He aquí que no se ha acortado la mano de Jehová para salvar, ni se ha agravado su oído para oír"***.

Esa palabra quedó escrita en mi corazón sabiendo que el Señor no sólo salva, sino que siempre escucha a sus hijos, pues su oído nunca se cerrará para quienes están en perfecta armonía con Él. Es sumamente importante que no perdamos esto de vista. Jesús dijo en Juan 10:27-28: ***"Mis ovejas oyen mi voz, y yo las conozco, y me siguen, y yo les doy vida eterna; y no perecerán jamás, ni nadie las arrebatará de mi mano"***.

¿Quiénes son los que escuchan a Dios? Sus seguidores, quienes dedican tiempo para saber más de Él por medio de su palabra, a los que les ha sido revelado los misterios de Dios por su Espíritu. Estos son los que con toda seguridad se paran firmes y sin titubear, hablan acerca de Dios con denuedo, porque simplemente lo conocen y le siguen. Puede ser contradictorio si digo que levanto un poco el tono de mi voz cuando expongo una predicación del evangelio al aire libre. Está claro que diferente al sentido de inseguridad que algunos puedan sentir, es más bien todo lo contrario, sé que Dios no es sordo, pero los que no lo conocen ¡padecen de sordera!

En una ocasión mientras predicaba al aire libre, en un pequeño pueblo cercano a la capital de Guatemala, había un joven que estaba estudiando para su grado de ingeniería en una prestigiosa universidad de ese país. Él se encontraba al alcance del sonido de los altoparlantes y mi voz algo elevada no lo dejaba concentrarse en lo que estudiaba. A medida que pasaba el tiempo, el joven se irritaba más mientras decía a sus adentros que por qué no me callaba. No recuerdo la palabra que utilicé esa noche, pero sí sé que en lo que hablé llevaba mucha autoridad del Espíritu.

Al final del evento, mi esposa y el grupo con el que andábamos, fuimos a una casa cercana de unos amigos a cenar y descansar. De pronto, alguien tocó a la puerta y preguntó si allí estaba el predicador de la campaña. Le dijeron que sí y él pidió hablarme, así que fui a recibirlo. Era el joven que se encontraba estudiando mientras yo ofrecía mi prédica esa noche. He de confesar que su aspecto me asustó un poco, pues no traía cara de buenos amigos. Mientras me contaba que estaba estudiando para la universidad y que había sido interrumpido por mí y mi mensaje, de repente pensé que había venido a cobrárselas. Entonces dentro de la firmeza de sus palabras y su duro rostro, pude percibir las lágrimas próximas a salir de sus ojos. Acto seguido me dijo que quería aceptar al Cristo que yo estaba predicando. Aquel joven que un día consideró que mi palabra era un grito que entorpecía su silencio y tranquilidad, que atentaba contra su futura profesión, fue alcanzado y sanado de su sordera espiritual gracias al poder del Espíritu Santo que es experto en abrir lo oídos sordos del mundo.

Hoy Gabriel, a quien considero un hijo, es un ingeniero muy exitoso premiado en varios países por sus proyectos vanguardistas y lo mejor de todo, siervo de Dios, gran esposo y padre de dos hermosas niñas que le ministran al Señor en su país.

Esta historia me hace recordar entonces la respuesta de Víctor a la joven que le dijo que no gritara que Dios no era sordo: "¡pero tampoco padece de los nervios!" Entonces levantar la voz para Víctor era llevar el mensaje con ímpetu, seguridad y, sobre todo, asegurarse de que los que tenían problemas de audición se enteraran de las maravillas de este evangelio.

Cada aspecto tiene su lugar. Unos gritan y tienen éxito, otros modulan su voz con un tono agradable y cumplen su cometido. Conocer y confiar son palabras claves. Así mismo son necesarias cuando se trata de escuchar a Dios aun cuando Él no dice nada. Aunque explicaré esto más a fondo en los próximos capítulos, es importante mantenerlo en perspectiva, pues para escuchar su silencio primero hay que conocer sus atributos y su voluntad.

Pero no sólo le debemos conocer, sino que tenemos que ejercitar confianza plena en Él y su palabra. Esto lo logramos manteniendo activa nuestra fe, creyendo profundamente lo que dijo y haciendo diligentemente lo que nos mandó que hiciéramos. Esto definitivamente colabora a conocerlo mejor, sabiendo no sólo su opinión, si no cuál será su actitud ante su creación.

1Juan 5:14 dice: ***"Y esta es la confianza que tenemos en él, que si pedimos alguna cosa conforme a su voluntad, él nos oye"***. En el siguiente verso, Juan asegura que "sabemos". "Y si <u>sabemos</u> que él nos oye en cualquier cosa que pidamos, <u>sabemos</u> que tenemos las peticiones que le hayamos hecho."

Si estamos seguros que sabemos, es porque conocemos. Es decir, hemos aprovechado el tiempo dejando a un lado lo que no aporta al conocimiento de Dios. Así que mientras más aprendamos sobre Dios, más nos adentraremos en su presencia; más sabremos cómo actúa, cómo se mueve, su estilo de pensar, cómo reacciona a su creación y cómo se comunica con ella. En fin, seremos capaces de anticipar su respuesta a nuestras preguntas. Quizá me digas, ¿cómo es esto posible? Se llama intuir, pero para intuir necesitas información, referencias y experiencias que certifiquen lo que intuyes. Permítame explicarte esto con un ejemplo sencillo. Cuando mira por su ventana y de repente nota que aparece una inmensa nube obscura, ¿qué piensa? "Esa nube está cargada de polvo, está muy contaminada." Sé que no pensaría eso porque le será ilógico y hasta ridículo pensar de esa manera, sólo porque sabe de qué están hechas las nubes y cuál es su naturaleza. Así que cuando ve que se nubla el cielo con nubes densas y grises, de seguro lloverá, pues están cargadas de agua. ¿Quién se lo dijo? ¿Lo estudió o lo aprendió? Lo sabe y la experiencia de ese conocimiento hoy le hace intuir con tan sólo ver. Percibe lo que ocurrirá, simplemente porque conoce, en este caso, el comportamiento de las condiciones atmosféricas.

¿Le cuento algo? Acabo de darle información que anticipa el tema de este libro, que, aunque parece contradictorio, al final se dará cuenta que el conocer a Dios es fundamental para saber o intuir su próximo paso.

En la carta a los Efesios, primer capítulo y verso diecisiete el apóstol Pablo menciona lo siguiente: ***"Para que el Dios de nuestro Señor Jesucristo, el Padre de gloria, os dé espíritu de sabiduría y de revelación en el conocimiento de Él".*** Esto es una petición que el apóstol tiene ante Dios, que fueran llenos de sabiduría, revelación y conocimiento.

Entonces, ¿cómo adaptamos esto a lo que nos concierne? Pues que estos tres elementos son esenciales en nuestra experiencia de vida con Dios. La sabiduría es llana y sencillamente aplicar nuestro conocimiento de forma correcta y constructiva siempre que incentive crecimiento, así como el fortalecimiento personal. La revelación va más allá de lo que humanamente conocemos; es información divina que sólo nos llega por medio de Dios mismo.

No necesitamos ser exégetas ni eruditos para conocerlo a Él con sabiduría y revelación. Eso es dado por el Espíritu Santo que mora en cada creyente. Eso significa que cuando hablamos de sabiduría, revelación o gracia y paz, tal como menciona Pedro en su segunda carta, en el capítulo uno, nos referimos a ese conocimiento depositado en quienes vive el Espíritu de Dios. Debo dejar muy claro que no es para un grupo de doctores en historia secular o bíblica, sino para quienes Dios le plació hacer sublime depósito.

A la medida de su búsqueda en Él, mayor revelación de conocimiento. Descubrirá los privilegios de saber quién es Dios y cómo opera en nosotros. Con esto no digo que mientras más cercano esté de su lugar santo vivirá como en un cuento de hadas. No, pues estamos sujetos a toda aflicción natural de nuestro sistema carnal. La diferencia es que cada situación o tormenta que atravesamos nuestra vida estará anclada en el conocimiento de Cristo y quien vive conociendo quien es Dios no sucumbe ante ninguna tempestad. Al contrario, tiene seguridad en Dios y su palabra. Las voces de los desesperanzados o de los confundidos doctos del sistema no harán que titubee, pues su conocimiento de Dios es tan contundente, tan sólido y profundo que no vacilará en corregir lo que le parece erróneo y torcido.

Vivimos en una época donde la sociedad ahora pretende conocer a Dios y dar cátedra del amor y la misericordia de Dios. Dios es amor, eso es lo que siempre dicen. Hablan de amor, pero no lo conocen. Es la nueva religión del sistema que toma de lo sagrado sus símbolos y sus palabras para callar sus conciencias, hablando y filosofando sobre lo que no conocen y amontonando la ira de Dios sobre sus vidas.

Cuando comencé a escribir este libro todavía no se veía abiertamente la degradación social que hoy vivimos. En poco tiempo el sistema cambió. La iglesia no es la misma de hace quince años. Mientras el mundo sube el tono la iglesia lo baja y, aunque sabíamos que estos tiempos llegarían, no sabíamos que sería tan rápido. Hoy necesitamos voces que teniendo un conocimiento claro de quién es Dios, sean capaces de levantar la suya en contra de la ignorancia social y aun la religiosa. Creo que la peor es la religiosa, pues muchos de nuestros centros de adoración y estudio bíblico se han secularizado a nivel mundial.

En una ocasión escuché a alguien decir: "La iglesia se pierde y el mundo no hace nada". Interesante el comentario, pero la realidad es que es muy conveniente para la sociedad moderna enmudecer o erradicar, si es posible, todo lo que tenga que ver con una iglesia que verdaderamente conoce a Dios. Una iglesia híbrida será siempre aceptada, pero una iglesia que conoce verdaderamente a Dios, que todavía lo escucha y sabe cuál es su deseo para con los seres humanos, será una iglesia despreciada y odiada por un mundo insensible a los asuntos espirituales.

Hoy todo mundo tiene una opinión. Aunque no tengan fundamento o conocimiento alguno de lo que dicen, le es más fácil mezclar sus palabras con su sentimiento para expresar y hasta repetir una opinión sobre cualquier tema. Cuando el tema no es de su agrado, ¿sabe qué pasa? Suben la voz a tono dictatorial, insultan, degradan y ridiculizan lo opuesto. ¿Recuerdan a los profetas de Baal? Mientras más vacío su corazón, más ruido hacían; mientras más desespero, más violencia.

No obstante, en medio de aquella crisis estaba Elías. Él tenía un conocimiento pleno de Dios y no se dejó intimidar por el conocimiento o supuesto poder que aquellos desesperados tenían de su lado. Sabía que Baal no contestaría la petición, ruego y exigencia de quienes pretendían dar cátedra de un dios ficticio e inventado por un sistema. Fue fortalecido por su conocimiento, pues sabía que el Dios al que él servía, en breve se haría presente, así que, con seguridad, calma y hasta bromeándolos, esperó su turno para mostrar que el Señor se manifestaría en aquel lugar, poniendo en alto su nombre y su gloria.

Cuando nuestro conocimiento está anclado en Dios y en su palabra nada nos intimida. Nuestra fe se fortalecerá cada vez más. Estaremos seguros en Él por cuanto tenemos la capacidad mediante su Espíritu Santo de saber que vive en nosotros, que es real y que constantemente se está comunicando con nosotros. Ahí está la diferencia entre el dios de este siglo y el Dios creador de todas las cosas; que la voz de Jehová viene de adentro y la voz del otro dios es de afuera.

Conocer a Dios nos hace ser participantes de muchos beneficios y entre ellos la gracia y paz que sólo Él puede dar. Como mencioné antes, 2 Pedro 1:2 dice: ***"Gracia y paz os sean multiplicadas, en el conocimiento de Dios y de nuestro Señor Jesús"***.

En lenguaje sencillo, la gracia es el favor que Dios nos otorgó de su salvación sin que lo mereciéramos, por su puro afecto. Y la paz es la condición de calma y sosiego del alma que nos llega como resultado de la comunión con Dios mediante el sacrificio de Jesús en la cruz. Así que la salvación que nos dio el Señor nos da paz y luego el conocimiento nos da estatus en un mundo tan inestable y hostil. Y esa posición a la que me refiero es espiritual, pues está claro que la lucha es espiritual, por tanto, se combate con el conocimiento de aquel que nos llamó por su gloria y excelencia.

Quien está seguro de quién es Dios y su divino poder, no sucumbe ante los golpes impetuosos y mucho menos a los ruidos ensordecedores un sistema que levanta su voz para imponer de forma dictatorial sus preceptos y conceptos que tratan de invalidar y opacar la voz de Dios en medio nuestro. No debemos olvidar que Dios sigue hablando, que su voz se desplaza por todo lo que vemos, aunque no escuchemos audiblemente. Que es precisamente ante el escándalo ruidoso de un sistema corrupto que debemos aplacar esa voz que no es la de nuestro Dios con el conocimiento que Él nos da; que mientras más impetuoso sea el sonido desagradable que escuchemos, podemos estar firmes resistiendo la tempestad a nuestro alrededor, sabiendo que el Dios que conocemos aplastará en breve a Satanás y todo su sistema.

Un creyente que conoce la palabra conoce a Dios y cómo opera, así mismo discierne el sentir del Padre y el mover del Espíritu; es capaz de mantenerse inmovible ante cualquier viento huracanado que venga en forma de prueba o palabra para tratar de desencajarlo de su ancla en Cristo.

No deje que las circunstancias le ofusquen o le desvíen de la atención que debe tener a la voz de Dios, aunque el de al lado grite, mejor concéntrese en el conocimiento que tiene de la voz de Dios.

El sistema quiere desestabilizarnos y nos hace ver que estamos equivocados. Utiliza nuestro propio conocimiento para confundirnos. Tergiversa y adultera los conceptos del reino de Dios llevándolos a un raciocinio mundano y carnal con el único propósito de que los que están enfocados en Dios se desbanden y así no tengan que escuchar una voz que le habla a sus conciencias pecaminosas.

La próxima vez que se sienta con autoridad para decirle al sistema que no grite, que Dios no es sordo, sabrá que su conocimiento de Dios le está llevando a la madurez necesaria que activará el tímpano espiritual capaz de escuchar el silencio de Dios.

8
Conozcamos nuestro silencio

Antes de aprender a escuchar el silencio de Dios, debemos primero conocer en detalles el nuestro, comenzando con prestarle atención a las cosas que decimos y a las que no. En el próximo capítulo haré mención de que el silencio no es real, porque es como una ilusión. Más bien aprendimos a identificarlo de esa manera y creamos un concepto algo desviado de lo que realmente es, pues si nos posicionamos atentamente ante él notaremos que todo silencio comunica algo.

Así como en el universo los vacíos son rechazados por la física, de esta forma la mente no tolera el silencio… ¡no existe el silencio en la mente! Permítame resumirlo antes de explicarlo. Nuestro silencio es un estado neutro en el que podemos estar experimentando miedo, coraje, decepción y muchas veces impotencia.

Vamos a mirarlo más de cerca con un ejemplo mío. Cuando estaba en plena crianza de mi hijo, yo sabía que tenía una responsabilidad muy grande en su educación y desarrollo como persona, así que me di a la tarea de enseñarle todo lo que estaba al alcance de mi experiencia y conocimiento en aquel momento. Estaba seguro que llevaba a mi hijo por el camino correcto, sólo que empecé a notar que cuando le hablaba a mi niño en ocasiones un poco serio y firme, sus ojitos se llenaban de lágrimas y sólo hacía silencio.

Aquella actitud comenzó a preocuparme, así que lo consulté con mi esposa, a lo que ella me dijo que fuera un poco más compasivo al hablarle porque él era muy sensible. Entonces comencé a estudiar nuestra comunicación y más que todo a ponerme en su posición, pensando en cómo mi niño estaba interpretando las cosas que salían de mi boca. Honestamente lloré al principio pues, aunque no pude saber qué pasaba por su mente, aquella educación se tornaba severa dentro de su tierno corazón, así que cambié mi manera de comunicarme con él sin alterar el mensaje.

Han pasado los años y aún recuerdo su carita y su tenso silencio. Hoy doy gracias a Dios que pude aprender a atenuar mi estilo de enseñanza y que él y yo podemos comunicarnos como buenos amigos. Una de las enseñanzas que saqué de esta experiencia ha sido que aquel silencio reflejado en el rostro de mi muchacho no era realmente un silencio; que detrás de aquellas lagrimitas había un ruido intenso dentro de él, muchos pensamientos que gritaban posiblemente impotencia, tristeza y hasta coraje.

Esto me llevó a pensar en mi crianza cuando era confrontado por los adultos en mi círculo familiar. Yo también hacía silencio, fuerte silencio, pero dentro de mí el ruido era descomunal; los pensamientos parecían bombas en plena guerra sacadas de películas. No sabía cómo lidiar con esa situación, pues nunca he sido expresivo. Más bien solucionaba mis problemas en la mente y ahí se quedaban. Esto me trajo muchos problemas en mi juventud, pues no había desarrollado manera alguna de ventilar lo que pensaba en silencio.

Interpretar el silencio es vital en muchas ocasiones, pues retener lo que debe ser expulsado trae complicaciones diversas a nuestra salud, sea física o emocional.

Mi esposa fue la que se dio a la tarea de enseñarme a cómo dejar salir por mi boca los pensamientos atrapados dentro de mí. Aunque me tomó un buen tiempo, aprendí a dominar el silencio que en aquella ocasión me estaba haciendo mucho daño. En mis conferencias sobre temperamentos enseño sobre los cuatro temperamentos que rigen a los seres humanos y que se dividen en dos categorías, los extrovertidos y los introvertidos. Precisamente en la categoría de los introvertidos estoy yo, así que para mí es muy fácil conocer que, aunque haya desarrollado a través del tiempo cómo expresar lo que pienso, también es muy tentador sucumbir en el silencio.

El otro extremo es ser muy hablador, muy expresivo, y esto acarrea consecuencias devastadoras por igual. En la Biblia encontramos consejos para ambos, pues en realidad lo que Dios espera de nosotros es que seamos capaces de dominar nuestras debilidades humanas y sepamos cuándo es el momento oportuno para aplicar silencio y cuándo hablar a la luz de la sabiduría.

Un pasaje de Salomón dice:

"El que ahorra sus palabras tiene sabiduría; de espíritu prudente es el hombre entendido. Aun el necio, cuando calla, es contado por sabio; el que cierra sus labios es entendido" (Proverbios 17:27-28).

Por otra parte, el apóstol Pablo dice:

"Ninguna palabra corrompida salga de vuestra boca, sino la que sea buena para la necesaria edificación, a fin de dar gracia a los oyentes" (Efesios 4:29).

En ambos casos o desde el punto de vista del temperamento, vemos estos dos extremos que, traídos a un punto neutro de sabiduría y dominio propio a través del Espíritu, lograrán que seamos mejores personas debido a que tomamos una debilidad y la convertimos en fortaleza. Para tener una mayor comprensión de cómo transformar las debilidades en fortalezas, les invito a uno de nuestros talleres de temperamentos o buscar información sobre el tema en el internet.

Volviendo a nuestro tema en discusión, todo redunda en la interpretación del supuesto silencio que hacemos los seres humanos cuando no pronunciamos palabra alguna. Si ya lo puso a prueba, habrá notado que ante una situación difícil que produjo dolor emocional, tuvo un periodo de silencio. Esto lo experimentamos cuando fallece un ser querido, cuando ante una injusticia nos sentimos impotentes o cuando en una discusión nos quedamos sin el recurso de la palabra para defendernos.

Sea cual sea la desavenencia, ¿qué produce realmente ese tiempo de silencio? Si no le ha prestado atención a esto le recomiendo que la próxima vez que atraviese un momento así medite en lo que experimenta su interior cuando no dice nada ante la adversidad.

¿Qué nos pasa en el alma cuando estamos tristes o ante un regaño de un superior? Sí, es eso mismo, preguntas y más preguntas. Dentro de uno **No** existe el silencio. La mente entra en un modo de supervivencia, buscando cómo solucionar la nueva situación que ha llegado o está por presentarse en nuestra vida. Dentro de esa agitante búsqueda aquel que tiene esperanza en Dios activa la fe y todo recurso relevante a esta, sólo que muchos carecen de templanza y pronto se encuentran mentalmente arrollados por un aluvión de pensamientos contrarios a su fe. El proverbista lo dice de esta forma:

"La esperanza que se demora es tormento del corazón; pero árbol de vida es el deseo cumplido" (Proverbios 13:12).

Veo la esperanza aquí como aquello que sé que ocurrirá, que mi banco de creencias me garantiza que así será, sólo que mi mente no entiende que se hará efectivo en el momento que Dios haya diseñado como propicio y perfecto. Entonces como no ha llegado la esperanza a manifestarse, ahí se abre espacio la duda y comenzamos un teatro improvisado de lo que podría pasar si no nos llega el rescate esperado.

Nos comienza a faltar la fe porque necesitamos el milagro ahora y al sentir la impotencia, hacemos silencio; callamos, no pronunciamos palabra, agachamos la cabeza y nos embarga la tristeza, pues aquello que un día fue fe ahora es tormenta de pensamientos dentro de nuestro corazón. ¿Se identifica con lo que acabo de mencionar?

Esto es algo tan común entre los seres humanos que cuando vemos a una persona en silencio lo asociamos con tristeza y la tristeza con mutismo, pero realmente no decir nada no es sinónimo de silencio. La realidad es que esa señal mal interpretada es una avalancha de pensamientos que debe ser correctamente interpretada o escuchada por los miembros de su círculo más cercano de familiares o amigos.

Quienes entienden sobre este comportamiento, empatizan de inmediato, sabiendo que el silencio personificado en tristeza es ruido extremo en la mente de la persona. Estos sin pensarlo y tratando de ayudarlos dicen: "¿estás bien? ¿Cómo puedo ayudarte?" O simplemente intentan desenfocarlos de sus inoportunos y oscuros pensamientos para traerlos a la luz de una realidad esperanzadora que fortalezca la fe y emociones del individuo. Si alguna vez ha hecho esto con alguien, le adelanto que es una forma, no sólo de interpretar su silencio, sino también de escucharlo. Esto es inclinar nuestro oído anímico o espiritual, acercándolo al corazón atribulado de quien está pasando por alguna crisis; es discernir apropiadamente su crisis para entonces dar aliento o una palabra sabia que traiga sosiego a nuestro prójimo.

Para llegar a tener éxito en esa misión, primero hay que conocer la mente humana. Me refiero a conocer a la persona afectada y cómo funciona y reacciona la mente de los seres humanos. Una vez aprende los patrones de comportamiento de la gente, será capaz de predecir, con probabilidad o certeza, la próxima reacción. Entonces aquí le adelanto la clave: esto es escuchar el silencio. Le repito que yo no conozco tal cosa como silencio y que acabo de presentarle que en la mente de las personas tal silencio es una ilusión.

Detrás de ese mutismo hay una mente funcional que no se detiene, que está en constante producción de pensamientos, intentando resolver la problemática de vida en la que está circunscrito. ¿Sabe algo? Esto también es una característica divina en nosotros, pues así es Dios. Él está constantemente pensando y en modo de creación.

El libro de Génesis da una idea sólida de cómo Él lo hace. Primero nace una idea en su mente, la recrea y la ve antes de manifestarlo, hasta su propósito cumplido. Luego manifiesta su pensamiento a través de su palabra y es la palabra la que le da forma a aquello que antes estaba en la mente de Dios. ¿Y luego qué? ¿Abandona Dios su creación? Por supuesto que no, más bien la cuida y la sostiene. Mire lo que está escrito en Hebreos 1:3:

"el cual, siendo el resplandor de su gloria, y la imagen misma de su sustancia, y quien sustenta todas las cosas con la palabra de su poder"

Observe aquí los atributos de Cristo Jesús: su resplandor, su imagen, sustancia y quien **sustenta** todas las cosas. En otras palabras, Dios mismo con su palabra sostiene toda la creación que una vez fue su pensamiento. Ahora bien, para poder comprender y conocer a Dios, ¿qué debemos hacer? Si pensó que la respuesta es conocer su palabra, le felicito. Acertó, pues la única forma válida de conocer a Dios es conocer su palabra. No olvide que con ella Él sustenta y mantiene todas las cosas. Permítame hacer un alto aquí y preguntar: ¿Hace Dios silencio? A nuestra perspectiva, sí, pero ahora conocemos que realmente lo que hace es estar activo en su mente llevando a cabo su deseo creacional y al mismo tiempo sosteniendo su voluntad con su palabra. Así que la mente de Dios siempre está trabajando, en constante movimiento. Él siempre está hablando. Nos toca aprender a interpretar lo que dice cuando realmente no lo escuchamos decir nada. Por lo tanto, la próxima vez que veamos a alguien triste y callado recordemos que en realidad no lo está. Su mente está produciendo pensamientos positivos o negativos. Nos toca ayudarles a encaminarle a un desenlace productivo y de edificación para sí mismos.

Ahora, no vayamos tan lejos con esto. Tratemos con nuestra propia experiencia cuando nos sentimos tristes y agobiados, abrumados por nuestros pensamientos. Es aquí donde deberíamos aprender a escucharnos a nosotros mismos y comprender que en cada crisis hay ruidos que intentarán avasallar la sabiduría de Dios en nosotros. Esos ruidos nos llevarán por el camino equivocado con el fin de corromper el propósito divino en nosotros. Este ha sido el plan del maligno desde el principio. Quiere decir que las crisis que nos visitan tienen como propósito develar nuestra verdadera naturaleza, la que originalmente Dios depositó en nosotros, pero por causa de que atendemos erróneamente la voz que sale de nuestros ruidos mentales caemos en hábitos viciosos a los que damos por naturales y merecidos, pero que tarde o temprano nos privan de una audición espiritualmente sana.

El silencio que experimentamos o conocemos no necesariamente es negativo. Es más bien un estado nuestro que debemos aprender a conocer su estructura y naturaleza. Alguien una vez me dijo: "cuando no sepas qué hacer, mejor no hagas nada". ¡Vaya! Aprendí mucho de esto, pues lo que me quiso decir fue que cuando estuviera en una encrucijada donde no supiera qué hacer, me enfocara en el consejo y propósito de Dios en mi vida y esperara por ese momento de paz y claridad mental para dar el paso correcto. Hasta el sol de hoy medito en ese consejo que me sigue arrojando mucha luz y sabiduría necesaria en mi diario vivir.

Cada vez que enfrento una crisis acudo al silencio y en él busco discernir la enseñanza implícita. Lo veo como cuando uno está en el proceso de aprender un nuevo idioma. Según los expertos en lingüística, en el aprendizaje de nuestra lengua materna o cualquier idioma, existe un periodo denominado etapa de silencio. En esta etapa el individuo simplemente está en el proceso de asimilar y estructurar la gramática de un vocabulario, al mismo tiempo que aprende ritmo y entonación de este.

Es interesante que este periodo de silencio es relativo al tiempo de exposición del nuevo idioma. Mientras más expuesto estés al mismo, el periodo de silencio será menor y mientras menos expuesto estés, mayor será la espera dentro del silencio.

Hace unos años me interesé por un tercer idioma. Comencé a comprar algunos libros para aprender su gramática. Luego comencé a memorizar canciones fonéticamente y a medida que se hacían familiares, aprendía su significado y cómo aplicarlo. Lo interesante de todo esto es que mientras más tiempo dedico a esta nueva lengua más me familiarizo con ella, pero tengo un problema: no conozco a nadie cerca de mí que hable ese idioma y para mí es difícil desarrollarlo. Por esa razón en ocasiones aborto el proceso y no vuelvo a practicarlo en meses.

Entonces mi proceso de silencio, aunque sigo en modo aprendiz, se prolonga. Aprender un nuevo idioma trae muchos beneficios, nunca lo contrario, pues se fortalece nuestro conocimiento al mismo tiempo que expande el horizonte de oportunidades y crecimiento personal.

De esa manera funciona el tiempo de crisis o silencio en nuestra vida. A mayor ejercicio o contacto con Dios, mayor comprensión de lo que Él quiere lograr con eso que podemos interpretar como pausa en nuestra vida. Jesús dijo: *"sin mi nada puedes hacer",* y, aunque está extremadamente claro el mensaje, lamentablemente cuando llega el momento difícil, a la gente se les olvida por completo que "nada" podemos hacer sin Él y en vez de aplicar lo que conocen de la fe, la sustituyen por razonamiento y conocimiento humano. Entonces el silencio o tiempo de espera se prolonga y puede durar años o hasta toda la vida. La mujer que padecía de flujo de sangre gastó todo lo que tenía en médicos y esperó doce años hasta que por fin recibió su milagro.

¿Se imagina el significado de esos años de espera? ¿Cuántos días de sentir impotencia, de falta de fe, de cruel congoja y hasta creyendo que nunca sanaría? Y todo porque no había sido expuesta a su sanador o al conocimiento de Él. Cuando sabe sin lugar a duda quién es Dios y su manera de operar, el tiempo de silencio le parece insignificante, la espera irrelevante y su entorno se convierte en terreno de milagros. Aunque haya pasado el tiempo, sentirá paz porque está seguro de que el proceso era parte del aprendizaje.

Hay una historia maravillosa relacionada con este tema. En Juan capítulo cinco se dice que en el estanque de Betesda se encontraban enfermos que esperaban cierto ángel que descendía y agitaba las aguas. Mientras esto ocurría, el que de ellos alcanzaba a entrar al agua a tiempo quedaba sano de su enfermedad. El verso cinco dice que allí había un hombre que llevaba treinta y ocho años enfermo. Una espera horriblemente larga para quien posee un poco de esperanza, ¿no?

Jesús conociendo no sólo su situación, sino también su condición anímica, le pregunta si quería ser sano, a lo que el hombre abrumado por el ruido mental de la espera le dice: *"no tengo quien me meta en el estanque cuando se agita el agua; y entre tanto que yo voy, otro desciende antes que yo"*.

Este hombre hizo un hábito de su crisis, tanto que fue capaz de justificar por qué en tanto tiempo no había recibido sanidad.

Esto tiende a ser común en personas que le es más fácil llorar su crisis que asumir la responsabilidad de ejercer la fe en Dios. Con todo, Jesús movido en su amor y misericordia llega e imparte el milagro sólo con su palabra sin que el hombre atravesara el proceso de sumergirse en el agua.

Pero ¿qué fue lo que realmente pasó? Lo único que puedo ver en el texto es que Jesús le dijo: *"Levántate, toma tu lecho, y anda"*. Hagamos un alto aquí porque esto amerita atención. ¿Sólo eso le dijo? ¿Por qué no había pensado en eso antes? ¿No cree que habría evitado tanto dolor y espera si alguien le hubiese hablado el poder que había en la fe de Jesús?

Pienso que, como muchas personas, él estaba empecinado en la excusa de que alguien más lo metiera al agua y en la espera de que otro le ayudara dejó pasar muchas veces la oportunidad de su milagro. El bienestar o felicidad nuestra nunca estará en manos de otras personas. Siempre estará en nuestro control, en que nuestros pensamientos estén debidamente alineados a los pensamientos de Dios. Allí, aquel hombre tuvo una excusa; quizá la misma que le contaba a quienes le preguntaban del porqué no había sido sanado aún. Su excusa existió hasta que dentro de su silencio hubo un contacto directo con el Hijo de Dios y su fe fue agitada. Sumergido en el mover del Espíritu en el momento oportuno, recibió su milagro.

Puedo pensar en ese minuto o quizá algunos segundos dentro de su silencio, dentro de su crisis, donde la palabra de Dios confrontó su condición humana para una vez dejándola inoperante, el milagro tuviera vía libre para su manifestación.

Ahora es importante tener en justa perspectiva lo que le dice Pablo a los filipenses: ***"porque Dios es el que en vosotros produce así el querer como el hacer, por su buena voluntad"*** (Filipenses 2:13).

Aunque era el momento de la manifestación del milagro al paralítico, él al principio sólo oyó la pregunta de Jesús sin escuchar el mensaje detrás del sonido.

Jesús le dijo: *"¿Quieres ser sano?"* Con certeza aquel hombre lo oyó, pero no lo escuchó. Estaba tan sumergido en su silencio, ofuscado en las voces que le gritaban su condición, las que le recalcaban que era imposible llegar al agua antes que cualquiera de los que estaban a las orillas del estanque con él.

Posiblemente oyó hablar de los milagros y enseñanzas de Jesús, pero nunca lo había escuchado o experimentado en primera persona. Y es que oír es percibir el sonido mientras escuchar es atender y prestar especial atención a lo que se oye. Algo similar le sucedió a Saulo de Tarso y a los hombres que le acompañaban en su misión. En Hechos nueve se nos menciona que los que andaban con él oyeron a la verdad la voz, y aunque aquí el apóstol no lo dice en este capítulo, sí lo aclara en Hechos 22:9 donde dice que sus acompañantes no entendieron la voz. ¿Por qué? Pues sólo oyeron, mientras que Pablo fue el único que pudo escuchar. Recuerde que todos ellos iban juntos; todos vieron la luz y oyeron la voz, mas sólo uno pudo entender lo que decía la voz.

Lo único que puedo pensar es en toda la interferencia mental en la cabeza de aquellos hombres. Sólo imagínese el impacto creado en lo natural por causa de una fuerza espiritual. La luz era tan gloriosa y potente que ni Saulo pudo visualizar al que le hablaba. Es obvio que el temor y, siendo más honesto, el miedo que caería sobre aquellos hombres probablemente pudo perturbar la claridad del mensaje de Jesús.

Cuando Dios quiere hablarle lo hará de tal forma que no necesite intérpretes o intermediarios que busquen cómo decodificar lo que Él le quiere comunicar, pues para eso envió al Espíritu Santo, para hacerte saber todas las cosas de su reino. ¿Qué puede impedir ese mensaje? Pues es exactamente lo que estamos tratando aquí, sin perder de perspectiva y a la luz del pasaje de Hechos nueve, cuando el mensaje divino sea para uno, jamás será para el grupo, y los demás no entenderán hasta que Dios así lo disponga.

> Cuando se trata de la relación entre Dios y sus hijos, nuestro silencio interior juega un papel importante.

En el caso del paralítico, este oyó a Jesús y su voz interior, por razones humanamente naturales, subió los decibeles de las excusas, de lo imposible, de las limitaciones y de las quejas, tanto que de primera intención no pudo escuchar lo que le decía el Maestro. Sólo cuando silenció su voz interior sucedió el milagro que tanto esperaba.

Ahora, esto no significa que sólo el hecho de oír sea algo negativo. Nada más lejos de la verdad, porque el simple hecho de ser expuesto a la palabra de Dios puede traer efectos milagrosos. En Hechos 16:14, conocimos a una mujer llamada Lidia de Tiatira, una comerciante de la ciudad, que también era adoradora de Dios. El texto dice que ella *"estaba oyendo;*

y el Señor abrió el corazón de ella para que estuviese atenta a lo que Pablo decía".

¿Nota eso? Ella estaba "adorando y oyendo". ¿No es esto lo que hace la mayoría de los creyentes hoy día? No me tome a mal, sólo traigo a colación uno de los problemas capitales de los cristianos modernos. Es que no basta con sólo decir que somos adoradores, que participamos en el coro, que somos parte del ministerio de adoración y alabanza de nuestra iglesia o que somos músicos, sonidistas o hacemos cualquier tipo de servicio en la iglesia y que, además, somos fieles oyentes de los sermones de nuestra congregación.

Como puede ver, esto no fue suficiente para que Lidia experimentara el próximo nivel espiritual que Dios tenía para ella. Y aunque no se registra así, es probable que, dentro de su exposición en el servicio a Dios, Lidia tuvo que silenciar su voz interior para dar paso a la obra del Espíritu Santo en ella y así comenzar a escuchar el mensaje implícito dentro de las palabras del apóstol.

Escuchar atentamente no es tan simple como se oye. Para lograrlo, primero tenemos que controlar nuestro foco de atención, o sea, ser capaz de desenfocarnos para enfocarnos en lo que ahora nos llama la atención. Luego reducir al máximo nuestro ruido interior. Esto es lo más difícil de lograr. Es casi imposible para muchos, pues precisamente ese ruido mental es el responsable del resultado de nuestras acciones. Puedo ir más allá, ese ruido mental facilita u obstaculiza en gran manera nuestro destino; afecta de manera positiva o negativa el diario vivir de las personas.

Y cuando se trata de la relación entre Dios y sus hijos, nuestro silencio interior juega un papel importante. En la Biblia encontramos ejemplos de esto desde la primera hasta la última página. El Espíritu Santo en Hebreos 3:7-8 dice: *"Si oyereis hoy su voz, No endurezcáis vuestros corazones"*. ¿De qué forma se puede endurecer el corazón al oír la voz de Dios? Es un proceso que únicamente ocurre en nuestro silencio; entiéndase nuestro ruido interior que no es otra cosa que el bloque de pensamientos y conceptos personales que no cesan de reproducirse dentro de nosotros. Estos son tan potentes que controlan todo lo que hacemos, decimos y afectan nuestras decisiones.

Ellos son más fuertes que un muro de contención capaz de resistir un bombardeo de misiles de alta tecnología. ¿Cree que exagero? Entonces, ¿qué es tan potente como para resistir con bloqueo sólido la palabra de Dios?

Por eso estoy convencido que nuestro silencio no es otra cosa que altos niveles de pensamientos convertidos en creencias que resistirán cualquier mensaje que atente contra ellas, sea positivo o negativo, pues cuando alguien simplemente no cree en algo, de inmediato sus archivos de creencias se pondrán en guardia para contrarrestar el nuevo mensaje que intenta invadir la estructura mental y emocional del individuo.

Todo esto ocurre en el silencio del individuo, cuando no dice nada y posiblemente ni pestañee. La dureza de corazón habla de una resistencia mental severa que no se formó de la noche a la mañana. Más bien, es un sistema de creencias que ha tenido un desarrollo paulatino, posiblemente desde los primeros años del individuo.

Está claro que sólo Dios puede cambiar un corazón endurecido y en muchas ocasiones lo ha hecho para cumplir su propósito. Cuando hablo de un corazón endurecido me refiero a una estructura mental con un sello hermético que no permite pensamientos o conceptos diferentes al de su naturaleza.

El necio en su corazón dice que no hay Dios, ¿cierto? Lo dice el Salmo 53:1, pero lo vemos en todas partes y en muchas personas porque su silencio natural no lo es tal, sino una fortaleza mental que se alimenta de su ego y amor propio. El necio es terco, obstinado y sus argumentos siempre irán por encima de cualquiera que no esté de acuerdo, incluyendo religión, política, ciencia, entre muchos.

Una persona obstinada tendrá conceptos que gritan tan alto dentro de sí misma que será muy difícil hacerla cambiar de opinión a menos que un pensamiento de diferente naturaleza sea capaz de atenuar los pensamientos estrépitos que no la dejan ver más allá de sus cejas.

Lamentablemente el enemigo número uno a los propósitos de Dios siempre será el pensamiento de los seres humanos. Dios lo sabe y es por eso por lo que envió a su Espíritu, para que desde adentro de la persona pudiera implosionar el impenetrable muro de contención que no deja que los individuos razonen lo natural y escuchen lo espiritual.

No podemos olvidar que todo comenzó con una conversación imprevista y fuera de lugar y, claro, ilegal, pues el mensaje de Satanás a Eva no tenía relación directa con el huerto ni con su gobierno en la tierra ni con nada en su entorno. Tenía relación con la mente, los pensamientos acerca de Dios, la programación interna que había sido diseñada por el Señor con el propósito eterno de que le sirvieran y adoraran por siempre.

Entonces un poco de distorsión disfrazado de raciocinio en aquel mensaje se convirtió en el primer virus que adulteraría los archivos mentales que Dios había diseñado para su gloriosa creación que era la primera pareja. Fue corrompido el silencio de paz y armonía que residía en el corazón de nuestro prototipo. A partir de aquel evento, el silencio interior de los seres humanos quedó vulnerable al ruido ensordecedor que entorpece, no sólo la comunicación, sino nuestro estilo de vida.

Por eso es imperativo que aprendamos a discernir nuestro silencio, que no es otra cosa que interpretar nuestros pensamientos e intenciones. Si no tenemos la facultad de hacer otra cosa, entonces hagamos silencio interno, dejando espacio a la voz del Espíritu de Dios para que manifieste su propósito en nosotros. No sólo oiga, sino escuche y atienda lo que Dios quiere decirle aun en el silencio.

9

¡Silencio, que Dios está hablando!

Es obvio que el silencio de Dios es sumamente distinto al nuestro en todos los aspectos. Una vez comprendamos esto sin estorbos o ruidos mentales, estaremos aptos para comenzar a escuchar el silencio de Dios. Es un largo proceso que resumiré en el último capítulo, pero antes debo señalar lo imprescindible que es reconocer que no importa cuán difícil sea nuestra vida, existe un propósito divino que siempre se cumplirá. Dependerá de nosotros cómo reaccionamos durante la espera.

De igual manera, si no sabemos discernir durante un corto o prolongado tiempo de silencio, desfalleceremos y hasta podríamos abortar el proceso de Dios en nosotros. En la historia bíblica encontramos que Dios habló desde un principio por muchos medios, desde su propia voz, por profetas, por su Hijo, por el Espíritu Santo y podemos estar seguros que por las circunstancias, si responsablemente se pueden respaldar con la palabra de Dios escrita. Lo vemos desde el libro de Génesis hasta Apocalipsis. Pero ¡un momento! Parece que en esos miles de años hubo un silencio por parte de Dios donde no hubo palabra alguna de su parte.

¡Es cierto! Ese periodo de silencio se llama el Período Intertestamentario o los cuatrocientos años de silencio. Para los que estamos acostumbrados a escuchar a Dios por diferentes vías, es un pensamiento abrumador. En otras palabras, se trata del periodo entre la última vez que Dios habló en el libro de Malaquías y el momento cuando su comunicación reaparece ante el anuncio del nacimiento de Juan el bautista, ya en el Nuevo Testamento.

Fueron cuatrocientos años sin dirección directa del cielo. Aunque mi propósito no es discutir este período de silencio, sólo mencionaré que el pueblo al que Dios hablaba constantemente estaba experimentando cambios políticos y religiosos provocados por el dominio y sujeción de cuatro imperios que lo sometieron en distintas fechas. Estos son:

1. Período persa - Desde el 549 a.C
2. Período griego - Desde el año 333 a.C
3. Período macabeo - Desde el año 165 a.C
4. Período romano - Desde el año 63 a.C

Esta es una historia muy interesante que le invito a que estudie con el propósito de entender más a fondo el proceso que tuvo que pasar el pueblo de Israel antes de la manifestación del Hijo de Dios en la tierra.

Mientras tanto, quiero meditar en aquel silencio celestial que arropó aquella nación, más bien, en el porqué. ¿Qué provoca que Dios haga silencio? Aunque si ha leído los capítulos anteriores sabrá que soy de los que piensan que realmente el Señor no estaba en silencio como tal. Creo que, en el corazón y las mentes de aquellos fieles seguidores y adoradores, la palabra divina estaba en efecto trayendo paz y esperanza, aunque todo les era contrario, aun cuando no existe un registro contundente de una palabra profética dada por Dios a sus hijos en aquellos cuatro siglos. Pero vea que después de esa tensa calma, ocurrió el evento más grande que registró la humanidad: el Verbo de Dios es manifestado a los hombres, cumpliendo todo lo que Dios había dicho en el pasado y estableciendo la comunicación que fue interrumpida en Edén de una vez y para siempre.

Así lo dice Juan 1:1,14: ***"En el principio era el Verbo, y el Verbo era con Dios, y el Verbo era Dios". "Y aquel Verbo fue hecho carne, y habitó entre nosotros"*** …

Es decir, cuando parecía que Dios se olvidó de la humanidad, cuando llegó el día del cumplimiento, no sólo habló, sino que vino personalmente y se manifestó, como se lee en 1 Timoteo: ***"E indiscutiblemente, grande es el misterio de la piedad: Dios fue manifestado en carne, justificado en el Espíritu, visto de los ángeles, predicado a los gentiles, creído en el mundo, recibido arriba en gloria"*** (1 Timoteo 3:16).

¿Entonces qué nos dijo aquel silencio de cuatrocientos años? Que era necesario no sólo reestructurar aquella sociedad escogida para llevar el mensaje divino, sino prepararla para un encuentro personal con Dios.

En el silencio Dios siempre nos prepara para algo grande. Por eso es importante que también aprendamos a hacer pausas antes de actuar o decir cosa alguna, pues ese periodo hace que la sabiduría tome control de lo que sabemos y de lo que estamos a punto de hacer. Pero ¿y qué tal del silencio que Dios hace?

Apocalipsis 8:1 menciona ***"…se hizo silencio en el cielo como por media hora"***. ¿Lo puede imaginar? Mi punto aquí no es teológico, sino más bien la actitud que toman las personas creyentes cuando no escuchan a Dios. Y es que a la gente le gusta cuando el Señor habla y los escucha, pero detestan cuando hace silencio. Sé que puede ser perturbador, en especial cuando necesitamos una contestación divina urgente, pero ¿qué hay detrás del silencio?

Escuchar a Dios cuando hace silencio, no es nada mágico o complicado; pero sí requiere de una experiencia genuina con nuestro Creador.

Hay muchas razones por las que Dios desde nuestra perspectiva hace silencio. Entre ellas está el que al saber que estamos enfocados con todo lo que nos rodea, quiera llamar nuestra atención, que aprendamos a confiar en él, que no estamos listos para escuchar su voz o simplemente quiere que distingamos su voz entre otras.

Cuando se desconoce propósito, está claro que nos abruma el desespero, la tristeza y el nivel de ánimo nos baja. Esto es muy perjudicial para nuestra relación y comunicación con Dios, pues muchos tienden a llenarse de culpa y abortan los procesos por no entender que posiblemente en ese silencio el Señor está corrigiendo áreas en nuestras vidas. Lo primero que pensamos es que no nos escucha, que algo malo estamos haciendo y por eso nos ha abandonado. Nada más lejos de la verdad.

Él sigue siendo fiel, nunca ha dejado de escucharnos y prometió estar con nosotros todos los días hasta el fin, pues sus motivos siempre son de bien para con sus hijos.

Teniendo esto claro, prosigo a desarrollar el tema principal planteando las siguientes preguntas:

- ¿Qué debemos hacer?
- ¿Cómo debemos reaccionar ante el silencio de Dios?
- ¿Cómo escuchamos a través de su silencio?

Estoy seguro que si ha leído hasta aquí es porque tiene curiosidad por saber cómo escuchar a Dios cuando hace silencio. Le advierto que no es nada mágico o complicado, pero sí requiere de una experiencia genuina con nuestro Creador. ¿Sigue creyendo que es complicado? Le adelanto que Jesucristo hizo ya la parte más difícil de este proceso. Lo que nos toca a nosotros es obedecer su voz y ser capaz de reconocer su silencio. Con esto contesto la primera pregunta: ¿Qué debemos hacer?

Al insistir en conocer qué es el silencio de Dios, después de un largo proceso, pude asimilar humanamente hablando, que ese silencio es:

- Cuando dejamos de escuchar palabra profética
- Cuando dejamos de escuchar la palabra personal de Dios para nosotros.
- Cuando dejamos de percibir a Dios en nuestra ecuación

Debo aclarar que fuimos creados para tener comunión con Dios. Nuestra relación con Él ha sido diseñada en su eternidad. Por eso el no escuchar al Creador viene siendo como una interferencia externa que va ensordeciendo nuestro oído espiritual a tal grado que deja inoperante nuestra habilidad de comprender los asuntos del espíritu donde Dios habla y se manifiesta. A cambio, nos desenvolvemos en una esfera natural siendo incapaces cada vez más de comprender todo lo relacionado al Espíritu.

Lea detenidamente este escrito de Pablo a los corintios:

> [12] *Y nosotros no hemos recibido el espíritu*
> *del mundo, sino el Espíritu que proviene de*
> *Dios, para que sepamos lo que Dios nos ha*
> *concedido,* [13] *lo cual también hablamos, no*
> *con palabras enseñadas por sabiduría*
> *humana, sino con las que enseña el Espíritu,*
> *acomodando lo espiritual a lo espiritual.*[14]
> *Pero el hombre natural no percibe las cosas*
> *que son del Espíritu de Dios, porque para él*
> *son locura, y no las puede entender, porque*
> *se han de discernir espiritualmente.* [15]*En*
> *cambio el espiritual juzga todas las cosas;*
> *pero él no es juzgado de nadie.*[16] *Porque*
> *¿quién conoció la mente del Señor? ¿Quién le*
> *instruirá? Mas nosotros tenemos la mente de*
> *Cristo* (1 Corintios 2:12-16).

Analizando un poco más este pasaje, podemos notar que no debemos discernir desde una perspectiva natural, sino desde la espiritual. Es aquí donde la mayoría de las personas que andan buscando una respuesta espiritual se extravían. Esto sucede porque intentan razonar o, dicho sencillamente, acomodar a Dios a su intelecto. Nunca conoceremos a Dios ni sus propósitos desde otra perspectiva que no sea la espiritual. ¡Nunca! No importa nuestro grado de ciencia, filosofía, física o historia que sepamos, conocer a Dios y su palabra es exclusivo del espíritu y sólo desde ahí lo escucharemos incluso cuando creamos que no dice nada.

Ciertamente si hemos dejado de escuchar la profecía o la palabra personal de Dios para nosotros y peor aún, si no percibimos al Señor en nuestra vida, no es que Él dejó de hablar, más bien nos hemos ensordecido por el ruido de nuestros hábitos y cotidianidad. ¿Alguna vez ha cortado el césped o ha estado usando su licuadora y llega alguien dándole un mensaje o directriz? ¿Ha podido escuchar mientras esos motores están en su máxima potencia? Pienso que no, que hasta que no los apague no sólo podrá escuchar, sino que una vez haya silencio ambiental, podrá comprender lo que le están comunicando. Así mismo es la palabra establecida por Dios para con nosotros, está ahí, esperando el milagro del silencio para ser manifestada.

Esto me lleva a la segunda pregunta principal: ¿Cómo debemos reaccionar ante el silencio de Dios? Aunque todos reaccionamos de manera diferente, existe un denominador común en la mayoría de las personas, que ante su fragilidad humana tienen que ser sometidos a la tortura de esperar un milagro o una contestación a su situación personal. Hay un caso que me sirve de gran ejemplo para ilustrar lo que quiero decir respecto a nuestra reacción ante el silencio de Dios cuando más necesitamos que nos hable.

Para esto le invito a que vea conmigo lo que le pasó a una mujer que contra su voluntad fue cautiva del juicio de unos escribas y fariseos que con múltiples intenciones la llevaron donde Jesús. La historia se registra en Juan capítulo ocho, donde una mañana Jesús fue a enseñar a la gente en el templo. De repente, su clase es interrumpida por tremendos grupos que traían arrestada a una mujer que fue sorprendida en su pecado. Ellos dijeron: ***"Maestro, esta mujer ha sido sorprendida en el acto mismo de adulterio. Y en la ley nos mandó Moisés apedrear a tales mujeres. Tú, pues, ¿qué dices?"*** (Juan 8:4-5).

> Escuchar el silencio de Dios es como discernir a través de su Espíritu y su palabra lo que Él va a hacer a continuación.

Estoy seguro que ante tal interrupción y compleja situación a resolver se desató un silencio sepulcral. Estar allí se tornaría en algo indeseado, incómodo y de mucha tristeza para algunos. Los discípulos y oyentes de Jesús quedarían de una pieza esperando el veredicto del maestro, pues claro, era el perfecto momento para citar a Moisés y hacer lo que se tenía que hacer: justicia, quedar como un héroe y seguir con la clase que de seguro estaba interesantísima. No obstante, la historia fue contraria a las expectativas de los presentes y de muchos de los que por miles de años se enteran por lo que allí pasó. Vea usted en el verso seis:

"Mas esto decían tentándole, para poder acusarle. ***Pero Jesús, inclinado hacia el suelo, escribía en tierra con el dedo"*** ¡Un momento! ¿Puede ver lo que yo veo? Jesús ya estaba sentado y hablando cuando ellos llegaron, pero ahora cuando más se necesita que hable, es más, que por lo menos se ponga de pie, con autoridad diga lo que se espera que diga. Pero no, no tan sólo hizo silencio, sino que desvió su vista al suelo, como si no tuviera argumentos. Esta actitud de Jesús debe haber provocado que la sangre de algunos se congelara por varios segundos, pensando en sus corazones… Maestro, ¿qué haces? ¡Habla, por favor, que esto urge!

Pero los escribas y fariseos tenían su agenda, así que insistieron en preguntarle, sólo con el fin de meter en problemas al Maestro. En medio de aquel escandaloso silencio, Jesús hace una pausa muy corta para decir: *"El que de vosotros esté sin pecado sea el primero en arrojar la piedra contra ella"*. Fue lo único que dijo. ¡Nada más! ¿Y qué pasó luego? El verso ocho dice: *"E inclinándose de nuevo hacia el suelo, siguió escribiendo en tierra"*.

No sé usted, pero yo aun escribiendo sobre esto, siento un frío paralizante al recrear en mi mente este pasaje porque veo la intención de aquellos que pretendían tentar al Maestro, el congelamiento de la audiencia y **el silencio abrumador** de Jesús mientras insistía en escribir en tierra.

He escuchado muchas versiones de lo que posiblemente escribía Jesús en el suelo, y me gusta la que dice que allí, en tierra, el Señor escribía los pecados de aquellos que acusaban la mujer y, aunque no necesariamente esto sea una verdad, lo que se registra es que fueron acusados por su conciencia por el efecto de la palabra de Jesús. Igual hubiese servido de testimonio para todos lo que presenciaban este evento. Ahora bien, tanto el registro como nosotros, hemos dejado para el final a la mujer y esto a propósito, pues todo redunda en el milagro después del silencio del maestro.

Seguido de la operación sorpresa hacia aquella mujer pecadora, puedo meditar en sus cientos de pensamientos mientras era llevada a juicio: sus nervios, la presión arterial, la ansiedad, el pánico por la inminente muerte física y el escarnio de sus acusadores ante la santidad del Hijo de Dios. ¡Vaya drama de aquellos!, mas qué momento de desesperanza para la mujer que sólo moría lentamente ante su terror y, peor aún, el silencio de quien la podía condenar o salvar. Una vez Jesús les diera la razón a los acusadores de seguro ellos harían cumplir la ley, así que la mujer al no tener defensa sólo callaba y esperaba en tormentosa angustia el veredicto final.

De todo lo negativo que pudiera arrojar esta historia en especial para aquella mujer, la actitud de ella fue la correcta, callar y esperar creyendo que un milagro de Dios era lo único que la podía mantener con vida.

Jesús nada dijo a su audiencia en favor de la mujer. Él sólo hizo silencio y más silencio. Quizá se identifica con esto, pues, ¿cuántas veces nos encontramos en callejones sin salida, donde necesitamos una palabra de Dios urgente para ser librados de circunstancias que parecen arrastrarnos a la muerte? El tiempo de espera para esta mujer le resultaría eterno; el silencio fue desgarrador, pero al final del día, cuando por fin el Señor se pronunció, sólo estaban Él y la mujer. ¿Y los demás? No importa, porque lo relevante es que todo se trata de usted y de Dios. Cuando desapareció todo el ruido, se escuchó la voz del Hijo de Dios que le dijo: *"Ni yo te condeno; vete, y no peques más"* (Juan 8:11).

Aquella mujer sólo guardó silencio mientras el Maestro, desde el mundo espiritual, hablaba la palabra de perdón y misericordia que más adelante sus oídos físicos escucharían. Mientras no escuchemos a Dios hablándonos, hagamos silencio y esperemos que su palabra se manifieste en el momento perfecto que Él ha determinado.

Aunque creamos que Dios no está hablando, nuestra actitud debe ser la de esperar con expectativa y responder con perseverancia en oración y, por supuesto, respetando el tiempo de su silencio. Si los discípulos que presenciaron aquel evento hubiesen sido testigos de otro parecido, ¿cree que anticiparían lo que haría Jesús? Bien, pues ahí están las primicias de escuchar cuando Él hace silencio.

Es mi deber dejar claro que esto no es un método que garantice que escucharemos a Dios siempre que él haga silencio; más bien es una manera de posicionarse, estar alerta y discernir lo que quiere decir sin caer en especulación dentro del silencio divino. Escuchar el silencio de Dios es como discernir a través de su Espíritu y su palabra lo que Él va a hacer a continuación.

Habacuc 2:20 dice: ***"Mas Jehová está en su santo templo; calle delante de él toda la tierra"***. Esto me lleva a pensar en la reverencia en la casa de Dios, pero, además, en que a menudo estamos rodeados de mucho ruido ambiental y mental que no permite que disfrutemos del silencio. El silencio tiene sus beneficios, sea de paz y tranquilidad o para meditar y retomar fuerzas en algún proyecto que deseamos desarrollar. Sin embargo, cuando sintamos que Dios no nos oye, pensemos que sí lo hace y que el propósito siempre será una relación íntima hasta ser uno con él.

ESCUCHAR A TRAVÉS DE SU SILENCIO

La tercera pregunta y la que me motivó a desarrollar el tema "Escuchando el Silencio de Dios," es esta: ¿Cómo escuchamos a través de su silencio? La realidad es que es un tema contradictorio, pues, ¿cómo se escucha el silencio? En mi caso no tuve problema en comprender que Dios habla aun cuando hace silencio. Como lo mencioné en el cuarto capítulo, el Silencio Ensordecedor, no conozco lo que es silencio, pues vivo con un ruido en mi aparato auditivo las veinticuatro horas del día. Esto ha sido así desde que tengo uso de razón.

Entonces creo que el silencio no es real y que aún dentro de lo que el ser humano conoce como silencio es una dimensión que Dios utiliza para canalizar su propósito en nosotros. Dese cuenta, si los que conocen que Dios habla de distintas maneras, y en algún momento de sus vidas dejan de escuchar su voz, pueden estar seguros que el Espíritu Santo revelará o comunicará la intención de Dios para con ellos.

¿Puede cualquier persona oír a Dios mientras no escuche su voz? Me atrevo decir que no, y esto porque el primer paso para que esto sea posible es tener plena armonía con Él. Jamás vamos a conocer bien a una persona si primero no tenemos armonía. Esto no es otra cosa que juntar una cosa con otra o una persona con otra con el mismo fin. Basado en este tema, me refiero a la unión perfecta de Dios con nosotros, llevándonos a una comunión de amor y obediencia a Él.

A partir de ese primer paso, lo demás es consecuente según interactuemos con Él. Eso incluye conocer su palabra, lo que nos lleva a conocerlo. De ahí una vida de oración y adoración es imperativa, pues nunca podremos percibir la intención de quien no conocemos. El mensaje dentro del silencio de Dios sólo se percibe mediante el oído espiritual y nunca con el natural. Si comprende esto habrá adelantado mucho en el camino del conocimiento de Dios.

Las personas sufren mucho porque tratan de razonar los asuntos del espíritu desde una perspectiva lógica. Esto nunca tendrá buenos resultados. ¿Recuerda cuando Jesús le dijo al joven rico que le era necesario nacer de nuevo? ¿Cómo concluyó eso? Pues el chico se fue entristecido. La razón fue que el joven no pudo discernir que aquella palabra era completamente una enseñanza espiritual. Si la inspiración bíblica fue dada desde una dimensión espiritual, jamás comprenderemos su verdadera intención en y para nosotros. Cuando no escuchamos a Dios en el momento en que creemos que debe hacerlo, nos atormentamos. Si no somos capaces de recuperarnos de tal error, caemos en un espiral sin fin hasta que el desánimo carcome hasta nuestros huesos.

Es triste ver a personas que andaban bien en el camino del Señor y de repente un día decidieron no seguir, pues se cansaron. ¿De qué? Probablemente les arropó una tormenta de silencio divino la cual se debió a su falta de comprensión espiritual de las escrituras. Sucumbieron en las aguas del desánimo. Ya no resistieron esperar y, desconfiando, abortaron el proceso.

Un hombre que experimentó en muchas ocasiones el silencio de Dios fue el salmista David. Aunque hoy día sus escritos nos animan a la búsqueda y adoración de Dios, él no estaba exento de cada uno de los problemas que los cristianos de hoy atravesamos a diario. En el Salmo 27:13,14 mire lo que este rey y adorador de Dios dice:

> ***"Hubiera yo desmayado, si no creyese que veré la bondad de Jehová en la tierra de los vivientes. Aguarda a Jehová; Esfuérzate, y aliéntese tu corazón; Sí, espera a Jehová"*** (Salmo 27:13-14).

La palabra clave en ese verso y lo que mantuvo a David siempre a salvo a pesar de sí mismo, es creer. Sí, esa actitud de seguridad en lo que no ha visto. ¿En qué o quién? Obviamente en Dios. Creer su palabra y esperar en silencio cuando ya no escucha nada ni en su entorno físico ni en el espiritual. David sabía que, en el silencio, Dios estaba operando su milagro y, aunque pasara el tiempo, Jehová lo posicionaría como su escogido delante de sus enemigos. Por encima de cualquier síntoma de ansiedad, pudo decir: **"Aunque afligido yo y necesitado, Jehová pensará en mí"** (Salmo 40:17).

En esos momentos de fe es cuando nuestra alma comienza a crear un vínculo con Dios y de manera inexplicable, todo nuestro ser entra en un estado de comunión a tal grado que podemos entender el porqué de las cosas o por lo menos, preocuparnos menos sabiendo que Dios está operando una solución a nuestra situación. Para escuchar a Dios en medio de su silencio es de suma importancia poner en alerta el oído espiritual, combinando la razón, el discernimiento y la palabra de Dios. Una vez son fusionadas, sabiendo que Dios habla de distintas maneras incluyendo la naturaleza, comenzaremos a escuchar con nuestro oído espiritual lo que no está en palabras y entender cada día el entorno de nuestra vida.

Cuando he tenido que salir en la madrugada a mis asuntos de rigor, en el momento que abro la puerta de la casa y noto un cielo estrellado, algo sucede en mi ser de manera automática. Observo profundamente un sector del cielo y escucho dentro de mí ese pasaje bíblico: ***"Los cielos cuentan la gloria de Dios, y el firmamento anuncia la obra de sus manos"*** (Salmos 19:1-3). Esto sucede porque dentro de mí hay una palabra depositada que asocia mi verdad con mi creencia, y es el Espíritu Santo quien se encarga de que la palabra perfecta, en el tiempo perfecto, surja creando el ambiente propicio para que yo exalte a Dios; en este caso, por la grandeza de su creación.

Adoramos a Dios por la información que tenemos de él guardada en nuestro corazón, la cual se ha convertido en una verdad espiritual. Cuando estamos alegres, esa información de su palabra resurge y somos capaces de cantar con mucha alegría al Señor que nunca hemos visto, pero que algo nos dice que es real y que está ahí en nosotros y fuera de nosotros. Por ejemplo, cuando usted siente miedo, ¿qué cree que le está pasando? Déjeme ponerlo de esta manera: en su silencio, sus pensamientos le están hablando de algo que puede o no puede suceder. Y es que la voz de nuestra mente nunca se calla. Intente no pensar nada; se dará cuenta que existe una comunicación incesante y que nadie es capaz de silenciar su propio espíritu.

¿Sabe por qué? Porque el espíritu es dinámico. Incluso en lo que muchos conocen como silencio, es solamente un estado menor de pensamientos, energía y variantes al que se está acostumbrado. Este es asociado a la falta de ruidos constantes en nuestro alrededor como también a la inactividad de Dios en los seres humanos.

Ahora bien, cuando un creyente tiene una petición y se la presenta a Dios en oración y Él no contesta según las expectativas del individuo, la mente comienza a buscar soluciones involuntariamente una y otra vez. Primero, acude a los recursos de fe, citando sus versos favoritos que estimulen su fe. Luego entra en un estado de resignación donde cree que Dios contestará, pero más tarde de lo que pensaba. Ya pasado algún tiempo y al ver que nada sucede de parte del cielo, los pensamientos comienzan su leve, pero constante hostilidad a la fe del creyente.

El ruido interno es cada vez más fuerte hasta que alcanza niveles ensordecedores donde la persona es incapaz de escuchar lo que el Espíritu en voz dulce y agradable intenta decirle. No pueden seguir instrucciones porque la voz de protesta dentro de ellos es muy fuerte. Esta interferencia mental y espiritual sólo puede cesar cuando el individuo decide nutrirse de la palabra de Dios, confiar en el mensaje y entrar en paz consigo

> El Espíritu de Dios siempre nos está guiando, hablando, instruyéndonos, capacitándonos. Tengamos presente que para ser guiado debe existir una constante comunicación.

mismo para entonces dejar que el Espíritu de Dios reconstruya su tímpano espiritual.

Estoy hablando de la sensibilidad a la voz de Dios en nosotros, la que hace que la palabra de Dios fluya en el interior de tal manera que manifieste sus verdades convirtiéndolas en bendiciones en todo el que es obediente a la misma. Fíjese que el apóstol Pablo en la carta a los Filipenses 2:13 dice: ***"porque Dios es el que en vosotros produce así el querer como el hacer, por su buena voluntad"***.

¿Cómo Dios hace esto? ¿Cómo puede crear el que queramos algo y también que lo hagamos? Simple y sencillamente es una constante comunicación entre Él y nuestro espíritu. No olvidemos que Jesús reveló la naturaleza de Dios cuando le dijo a la mujer samaritana que Dios es Espíritu y los que le adoran, en espíritu y en verdad es necesario que adoren. O sea, que el Señor sólo recibe adoración en el espíritu. Por lo tanto, lo que le damos a Él para que sea recibido por Él tiene que ser en el espíritu, de igual manera lo que él nos da, en especial su palabra, nos llega por la misma vía.

Mirémoslo de otra manera. La carta que el mismo Pablo le escribe a los romanos en Romanos 8:14, dice: ***"Porque todos los que son guiados por el Espíritu de Dios, éstos son hijos de Dios"***.

Ahora, tengamos muy presente que para ser guiado debe existir una constante comunicación. Insisto en esto porque es el tema que estamos tratando y nada debe desenfocarnos del mismo para poder entender a lo que quiero llegar. El Espíritu de Dios siempre nos está guiando; entiéndase hablando, instruyéndonos y capacitándonos. ¿Cómo lo hace? Por su Palabra ¿A quiénes? A los hijos de Dios, los que son guiados

por el Espíritu. Entonces queda claro que Dios por medio de su Espíritu, el Consolador que envió una vez que Jesús culminó su ministerio en la tierra, vive en nosotros manteniéndonos conectados a la vida de Dios mediante la palabra de Cristo y su presencia en nosotros. Sabiendo que esto es así porque lo confirma su palabra divina.
Entonces estamos más que convencidos que su voz nunca ha cesado de fluir en nosotros. ¡Nunca!

Veámoslo una vez más. En la primera parte de Colosenses 3:16 dice así: ***"La palabra de Cristo more en abundancia en vosotros, enseñándoos y exhortándoos unos a otros en toda sabiduría"***… Entonces establecemos que para poder escuchar lo que Dios dice en su silencio debemos tener por costumbre estudiar la palabra de Dios, atesorarla en nuestros corazones, recitarla, cantarla y que nunca falte en nuestras conversaciones. El resultado de esto es que cuando estemos atravcsando por una crisis clla rcsurgirá y nos scrvirá dc guía para dictarnos lo que debemos y no debemos hacer.

Recuerdo que hace muchos años asistí a un evento de líderes de nuestra iglesia. Estaba como orador un excelente maestro de la palabra de Dios. Él utilizó una dinámica eficaz para establecer que las sagradas escrituras en nuestros corazones nos dan testimonio de que somos hijos de Dios. El orador le pidió a los reunidos que inclinaran su rostro cerrando sus ojos y con tranquilidad escucharan la siguiente línea… hubo un silencio que parecía eterno y de repente aquella voz dijo: "Ustedes son unos hijos del diablo". ¡Vaya sorpresa! En mi corazón saltó una sola palabra: "mentiras". Luego él les pidió a todos que abrieran sus ojos y lo miraran. Entonces procedió a preguntar: ¿Qué fue lo primero que vino a su mente cuando escucharon aquella oración? Casi en consonancia, la audiencia dijo que era una mentira.

Continúo explicando cómo la palabra del Señor que permanece en nosotros nos habla constantemente y nos instruye cuando escuchamos un error o una mentira con intención de desviarnos de la verdad.

Ilustro esto con el fin de que entendamos que quizá no podemos escuchar audiblemente lo que la voz del Espíritu nos está hablando, pero ahí estará comunicándonos lo que debemos saber en todo tiempo, a menos que el ruido emocional se interponga entre nosotros y lo que Dios nos quiere decir.

Escuchar el silencio de Dios es aprender a ignorar los ruidos de todo aquello que nos desenfoca. Esto incluye aprender a hacer silencio emocional, callando nuestros pensamientos y las sugerencias dadas por nuestra mente. Para eso se necesita un enfoque en Dios, sabiendo que cuando no escuche nada, todavía hay una palabra que le llegará desde lo más profundo de su espíritu para consolarle, decirle o reafirmarle el plan y propósito de Dios en su vida.

Escuchar a Dios en el silencio es prestar suma atención a lo que el Señor está haciendo cuando realmente no lo está viendo hacer nada. Es con certeza escuchar su voz en nuestro interior aun cuando no oímos un decibel de sonido. Es también descubrir que Él opera en nosotros fuera de la dimensión humana, en el ámbito espiritual lejos de todo sentido humano.

Si está pasando por situaciones adversas en su vida, no importa lo complejas que puedan ser, antes de cualquier acción que quiera o pueda hacer, saque tiempo para meditar y pensar fríamente. Analice con detenimiento por qué está ahí, cómo llegó a eso que le desalienta o entristece. A partir de ese razonamiento comience a buscarle sentido espiritual. Hágase preguntas como: ¿Qué me quiere enseñar Dios con esta situación? ¿Cómo puedo salir de este problema airoso? ¿Cómo me beneficiaria el uso de la palabra de Dios en cada uno de los problemas que estoy enfrentando? ¿Cómo puedo llegar a ser mejor persona? ¿Cuál sería mi estilo de vida si me dedicara totalmente a mi familia y a Dios? Cuando esté en ese valle de silencio, si en vez de reaccionar al dolor, sentimientos o desesperanza, comienza a contestar esas o alguna otra pregunta que le ayude en su crecimiento personal, notará que la palabra de Dios comenzará a contestar cada una de ellas haciéndole sentir la paz y la seguridad dada por Él y de repente sus ojos serán abiertos a su propósito, sintiendo la reafirmación a su llamado personal. La vida le cambiará y de seguro será una bendición para aquellos que están cerca de usted. Mientras tanto, le ruego que afine su oído espiritual y haga silencio, porque Dios está hablando.

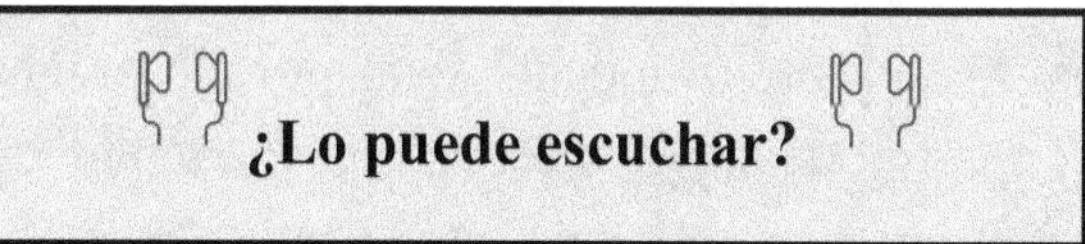

10
Decodificando el mensaje

Tengo muchas historias en mi mente sobre personas que sostienen que Dios les habla audiblemente, algunos por referencias y a otros los conozco personalmente. Como mencioné antes, es posible que alguien sí escuche la voz de Dios como dice escucharla. Eso no lo voy a discutir, pues cada cual tiene su grado de intimidad espiritual y el Señor usa a quien quiere y como quiere.

Lo que siempre he dejado claro, cuando surge este tema, es que debemos tener mucho cuidado cuando elegimos qué voces escuchar y con qué propósito. Esto porque muchas personas aprenden a modelar lo que ven y escuchan de otros sin escudriñar o investigar lo que están a punto de modelar. Pienso que la euforia del momento los hace sentir privilegiados en lo sagrado y quienes no han sanado heridas del pasado, en especial aquellos con su estima lastimada, ahora encuentran alivio o expiación del dolor interno que cargan. Esto es peligroso y puede ser letal en muchos casos.

Recuerdo que, en una ocasión, mientras era integrante de un grupo musical en los años ochenta, salíamos a una actividad evangelística en una ciudad cerca de la frontera con Canadá. El viaje era de casi diez horas, así que los miembros sanguíneos de nuestro grupo se encargaban siempre de traer temas donde casi todos podían participar y así crear la ilusión de que el viaje era relativamente corto.

El tema de la voz de Dios y las personas que dicen que Él les habla no faltó, así que, aunque yo hice silencio, presté mucha atención a los que estaban contando experiencias que tuvieron en otros lugares. Después de muchas horas llegamos a nuestro destino y esa misma noche comenzó el trabajo de nuestra misión en aquel lugar. Tocamos, cantamos y ministramos el mensaje de Cristo de una forma bíblica y ordenada según lo que conocíamos de la liturgia cristiana.

Al segundo día, sucedió algo que treinta y cinco años después lo tengo en mi mente como si fuera hoy. Un lugareño que decía que Dios le hablaba poderosamente, se levantó y comenzó a decir que Dios le estaba revelando ciertas cosas que tenía que declarar en aquel lugar. Todos quedamos atentamente inmóviles esperando qué tenía que decir el intérprete de la voz de Dios, pues para muchos era privilegiado poseer tal don.

En una de las filas de asiento, el intérprete, vio a una joven y a su lado un caballero. Entonces, el intérprete decidió vaciarles el mensaje que tenía. Entre todo lo que le dijo, escuché que eran el uno para el otro y que su unión sería aprobada por el Señor. En ese instante el susto estaba en sus niveles más altos, la tensión entre los que los conocían creció de forma volcánica. Y, ¿qué de los protagonistas? Algo no estaba bien. Muchos se quedaron congelados. Nosotros como espectadores no teníamos idea de lo que estaba pasando en realidad.

Yo no presté más atención. Empacamos y al otro día salimos de regreso a nuestro estado. En el camino floreció el tema de lo que había pasado y tristemente nos contaron que aquel supuesto profeta habló destrucción sobre los que él creía eran pareja. La perspectiva visual del profeta le jugó en contra, pues a los que él llamó estaban sentados con sus respectivos cónyuges, sólo que coincidieron en sentarse uno al lado del otro.

Años después, escuché la devastación de aquella palabra que vino de una persona que solamente escuchaba ruidos en su mente, producto de un modelaje equivocado. Se estará preguntando, ¿cómo lo sé? Como resultado de aquella semilla que no provino de Dios, una de las parejas terminó en divorcio y la otra sufrió el impacto negativo de aquella palabra que casi los destruyó.

Es muy fácil caer en la histeria colectiva que provocan algunos que aseguran escuchar a Dios. Por eso es sumamente importante crear un hábito de lectura de la palabra de Dios para que nadie, sea por ingenuidad o a propósito, les engañe diciendo que Dios dijo cuando Él no dijo nada. Le invito a leer Ezequiel 22:28 donde encontraremos un ejemplo de falsas profecías.

Después de un tiempo, estas cosas llegaban a mi mente seguido de preguntas como las siguientes: ¿Por qué suceden estas cosas? ¿Qué es lo que realmente escuchan, si es que escuchan? y ¿Por qué buscan incesantemente este estilo de comunicación? ¿No es más sincero y honesto decir lo que se aprendió al leer la palabra?

En mi opinión, entiendo que esto es una conducta aprendida y modelada dentro de algunos círculos de nuestra sociedad cristiana. Cabe señalar que es más un sector el que practica esto que la gran mayoría de los que pertenecen a la grey del Señor.

Creo que la fascinación es "Dios me dijo", "Dios me habla", "Escuché la voz de Dios". Siendo claro, también pienso que no tiene nada de malo, sólo que dejamos a un lado las prioridades que nos ayudaran a crecer y ser creyentes maduros intercambiándolas por lo fácil y hasta por prácticas antagónicas a la mente de Dios.

Por ejemplo, es más tentador ir por los métodos para escuchar la voz de Dios que detenerse a meditar en su silencio y quedar a la expectativa de lo que Él hará a continuación conforme a su palabra. Muchos quieren escucharlo, pero pocos o casi ninguno busca cómo escuchar su silencio. Si algo debemos tener como hábito es siempre preguntarnos, ¿qué piensa el Señor ante nuestras vicisitudes, ante nuestro dolor o el dolor de nuestro prójimo, ante cualquier negocio o situación donde es importante tomar una sabia decisión? ¿Qué hay en la mente de Dios al respecto? ¿Cómo lo haría Él?

Cuando estamos en sintonía con Dios y aprendemos a hacernos este tipo de pregunta, es imposible que nuestro ser interior no nos lleve a la fuente principal, al libro sagrado que nos dejó como referencia y a la ayuda del Espíritu Santo.

Josué, hijo de Nun, quien fue lleno de espíritu de sabiduría debido a la asignación que le fue otorgada al momento de la muerte del caudillo de Israel, recibió la instrucción más importante de su vida. Cada creyente de hoy debería emular tal instrucción, pues en ella está el ingrediente original para escuchar a Dios aun cuando no diga nada. Tal instrucción está en el primer capítulo del libro de Josué, verso ocho que dice así:

"Nunca se apartará de tu boca este libro de la ley, sino que de día y de noche meditarás en él, para que guardes y hagas conforme a todo lo que en él está escrito; porque entonces harás prosperar tu camino, y todo te saldrá bien" (Josué 1:8).

Todo el secreto de la sabiduría divina para nosotros está plasmado en cada palabra de este verso. Note que le dice que "*nunca*" lo aparte de su boca. Es decir, sus palabras deben tener un alto contenido de la palabra de Dios representado por ese libro de la ley. Debía meditar todo el tiempo en él y practicar lo que allí estaba escrito. De tal manera, su camino sería próspero al igual que todo lo que hiciera. ¿Cuál sería el resultado de esta práctica? Si todavía no puede contestar esta pregunta, le invito a que por lo menos lea el verso tres veces y mejor aún, que lo memorice.

Este verso contiene la clave para escuchar el silencio de Dios. Al igual que Josué, si hace todo lo que aquí dice, verá claramente en un mapa interno lo que Dios ha hecho, lo que hace y lo que está a punto de hacer. ¿No es esto maravilloso? Pues ni es ciencia ni es mito; es la verdad y esencia que el Señor quiere que sepamos.

> "Nunca se apartará de tu boca este libro de la ley, sino que de día y de noche meditarás en él, para que guardes y hagas conforme a todo lo que en él está escrito; porque entonces harás prosperar tu camino, y todo te saldrá bien" (Josué 1:8)

Escuchar el silencio de Dios no es sólo para algunos. Es para todo aquel que haya hecho suyo el consejo dado a Josué mencionado anteriormente y que a su vez asimile lo que he compartido en este libro, de mi experiencia, asimismo de cientos de preguntas que han llegado a mi mente a través de todos estos años. Pero si por la razón que sea, ha llegado hasta aquí sin comprender a profundidad lo que he ido revelando a través de cada capítulo, tomaré las próximas páginas para decodificar lo que quise decir.

Para escuchar el silencio de Dios lo primero que debemos tener en perspectiva es que Dios habla, tiene su voz, la que ha dado a conocer desde que existen todas las cosas. Debemos hacernos la pregunta, ¿cómo es esa voz? Para poder comprender cómo es hay que ir a la única fuente de registro que tenemos: la Biblia. Mi recomendación es que lea todo su contenido prestando atención cada vez que dice que "Él habló", a quién le habló. ¿De qué forma lo hizo? ¿Cuál es el contenido del mensaje? ¿Cuál fue el impacto del mensaje entre los personajes y pueblos que recibieron las palabras divinas? Una vez conozcamos y nos familiaricemos con su matiz, carácter y personalidad, seremos capaces de discernir su opinión en cada evento de la vida humana. Esto nos lleva no sólo a interpretar la ley divina, sino que con ello nos da potestad de difundirla por todo lugar y como resultado, obtendremos los beneficios que promete a quienes sean obedientes y practicantes de la misma.

Así que cuando Dios no dice nada audiblemente, quienes conocen su palabra escrita estarán seguros de lo que Él hará a continuación, porque reconocen su voz y cómo se manifiesta a sus hijos.

Ahora, ¿qué sucede cuando una persona está expuesta a la palabra de Dios, pero circunstancialmente deja de escucharlo o percibirlo? Es aquí donde muchos se extravían, pierden su norte y el sentido de vivir una vida plena en Dios. De la misma manera que yo lo experimenté, algunos se preguntarán: si en verdad Dios habla, ¿por qué no lo oigo? ¿Cómo escuchar su silencio, si ni siquiera su voz registro dentro de mí?

En el segundo capítulo explico en detalles y desde mi propia experiencia, las posibles razones por las cuales un creyente deja de escuchar o simplemente no escucha a Dios. Aunque por diseño hemos sido creados para tener comunicación con el Creador, en nuestro caminar encontraremos muchísimos desvíos que pueden alejarnos de su voz y se convierten en impedimentos. Si no los tratamos a tiempo, pueden generar sordera crónica a la voz del Señor.

Si es triste verlo, más triste es conocer personas que un día tuvieron una comunicación directa con Dios y por razones que no supieron manejar ellos mismos a tiempo, crearon como causa y efecto una barrera que los alejó de la comunión exquisita que tenían con el Maestro. Por lo tanto, debemos auto examinarnos; primero para identificar y así erradicar lo que nos impide la comunicación con Dios.

¿Recuerda cuando Jesús les dijo a los discípulos en las bienaventuranzas, que si su ojo le era ocasión de caer que lo arrancara? Esto es una enseñanza basada en el contexto de adulterio que podemos aplicar en muchas áreas de nuestra vida. En el tema que tenemos aquí, nos sirve para comprender que aquellas cosas que se tornan en estorbos para escuchar a Dios las debemos eliminar de una vez antes de perder el privilegio de la comunión con el Señor.

Algunos de esos estorbos antes mencionados son: estar ofuscado en otros asuntos que nos desenfocan del Señor; pecados que no han sido tratados a la luz de la palabra, pues el vivir una doble vida resultará en la separación de la santidad de Dios y, por consiguiente, provocará un ruido interno que no nos dejará escuchar lo que Él dice. Por otra parte, está el hecho de que la persona puede saber cómo es la voz de Dios, pero simplemente no la reconoce. Esto nos lleva a la última de estas interrupciones, que es cuando el creyente escucha demasiadas voces que no le permiten conocer a fondo la de Dios.

Hoy día hay muchas voces sonando por doquier. Sólo dé un paseo por las redes sociales y dígame cuántas voces con sus opiniones están haciendo ruido sólo en esa avenida de comunicaciones. Y ¿qué tal la televisión, la prensa y el cine? Ya hasta los comerciales tienen la intención de adoctrinar a las personas más allá de presentarles un producto. Estos son sólo algunos ejemplos de los miles que hay anclados en los terrenos de nuestra sociedad, listos para opacar a como dé lugar el dulce sonido de la voz de Dios en nosotros.

Otro impedimento para escuchar a Dios cuando hace silencio es cuando esperamos de Él algo que no está de acuerdo con su palabra o interrumpa su propósito en el proceso. No podemos tener sana comunicación con Dios si nuestros pensamientos no están alineados o nuestras expectativas son diametralmente opuestas. Si desconocemos su plan es obvio que ni siquiera sabremos cómo pedirle, orar o qué esperar, pues de inmediato estaremos pidiendo cosas fuera de su voluntad.

Como mencioné antes, si apartamos nuestra atención de Él, entonces, ¿cómo lo escuchamos? Ciertamente operaremos en un plan diseñado por nosotros mismos que quedará inoperante y seguramente descalificado al momento de su creación. Lo peor es que algunos lo arrastran por muchos años convirtiéndose en esclavos de sus programas mentales.

Los patrones aprendidos en nuestra niñez también nos pueden hacer responsables de por qué nuestras expectativas acerca de Dios son erróneas. Así que la enseñanza es que quitemos la mirada de lo que sabemos y hemos aprendido desde niños que pueda impedir el propósito de Dios en nosotros, porque al fin y al cabo todo es por Él y para gloria de Él.

En el cuarto capítulo, hay una enseñanza muy poderosa sobre los ruidos internos que obstaculizan, no sólo escuchar el sonido físico, sino también el mensaje que viene directamente de la boca de Dios. Así como es importante no confundir lo real con lo imaginario, es sumamente importante no confundir la voz de Dios y su plan con nuestros ruidos internos o intenciones personales.

En nuestra naturaleza caída está el germen implantado desde el principio que nos hace cuestionar todo lo que Dios ha dicho, potenciando más el raciocinio que la fe en la palabra de Dios. Es entonces cuando nuestra razón o intelecto habla más alto que nuestra fe, dando paso a un ruido o interferencia mental que concebirá conceptos difíciles de mover de nuestro sistema de creencias.

Lo que es silencio mental o emocional para nosotros realmente no lo es, porque a merced de nuestros pensamientos, la quietud que esperamos viene siendo un ruido ensordecedor y al mismo tiempo bloqueador de todo mensaje que nos llega del cielo. Hasta que no aprendamos a ignorar semejante ruido logrando que pierda la fuerza que doblega nuestra atención, no podremos accionar el tímpano espiritual que al fin y al cabo nos proporcionará el contenido del mensaje de Dios, sea de forma audible para algunos o percibido en el espíritu para muchos de nosotros.

Uno de los tropiezos que podemos encontrar mientras intentamos escuchar a Dios en su silencio es el agotamiento de la fe; el momento en que estando posicionados en la palabra de Dios mengua la fe y nos preguntamos, ¿cuándo seremos rescatados de esta aflicción? ¿Por qué me sucede esto a mí? o ¿En qué momento esta palabra se cumplirá en mí?

Es normal que nos hagamos este tipo de preguntas cuando nos encontramos en el valle de la desesperación. Aunque podamos operar en fe notamos que no es suficiente para mantenernos estables. Son muchas las veces que he estado ahí, algunas más profundas que otras, corriendo en busca de una solución asociada a las promesas bíblicas, citando muchos versos, pero sin resultados positivos, según yo.

Son esos momentos donde no me doy cuenta que mi fe está siendo lastimada por razones humanas, obviamente muy mías, pero que no dejan de ser sometidas al fuego de las pruebas juntamente con mi base. Esto porque mi fe debe brillar como el oro después de haber sido separada la escoria a través del fuego.

Entender el proceso en que es sometida nuestra fe es vital para entonces poder resistir lo que se descompone en nosotros con el fin de que seamos creyentes sólidos y maduros, capaces de poder discernir lo que Dios está haciendo en silencio.

En el capítulo seis se encuentra la experiencia de algunos personajes bíblicos con los que podemos sentirnos identificados porque hemos vivido momentos similares y quizás dicho las mismas palabras que aquellos hombres y mujeres de fe una vez pronunciaron. Ahí está el cielo, pero ¿quién se asoma para decirnos que nuestra respuesta está en camino? Esto también es un tropiezo a nuestra fe. La Biblia contiene muchos ejemplos similares con el propósito de que aprendamos de las experiencias de aquellos que fueron escogidos para un propósito; que para alcanzarlo tuvieron que pasar las pruebas más grandes, los desiertos más áridos y solitarios, las tempestades y naufragios más horribles hasta llegar a superar las angustias, frustraciones y el dolor físico, así como las luchas internas que producían desánimo en algunos.

Pero de la misma forma como se relatan todas las pruebas que muchos de ellos vivieron, el mayor y mejor ejemplo es aquel que en medio de las circunstancias adversas se capacitaba para resistir la opresión que tenía como fin debilitar su fe y que aun si el cielo no respondía, podía decir como Job 19.25: *"Yo sé que mi Redentor vive, Y al fin se levantará sobre el polvo"* o las palabras del apóstol Pablo en Filipenses 1:12: *"Quiero que sepáis, hermanos, que las cosas que me han sucedido, han redundado más bien para el progreso del evangelio"*.

Con esto llego a concluir que sin importar que tengamos alguna respuesta de Dios o no, si nuestra fe está fundamentada en el Señor y su palabra, nada ni nadie impedirá que escuchemos a Dios, no sólo en la crisis, sino también en su silencio.

La joven anónima que mencioné en el capítulo titulado "No grite, que Dios no es sordo" representa al creyente que está bien fundamentado en la palabra de Dios y que ha alcanzado altos niveles de madurez espiritual, lo que la hace una persona segura de sí misma en términos de su fe.

Cuando nos acercamos al Señor en adoración o en oración, uno de los elementos claves que debemos poseer es la confianza. Esta habla de seguridad, la convicción inmovible que nos asegura la materialización de nuestra fe. Por tal razón me gusta lo que dice Hebreos 4:16: ***"Acerquémonos, pues, confiadamente al trono de la gracia, para alcanzar misericordia y hallar gracia para el oportuno socorro"***.

Eso quiere decir que si le creo a Dios y a su palabra, que si ando en la fe de Cristo y quiero buena comunión con Él al mismo tiempo que anhelo escucharlo, entonces necesito que mi relación con el Señor sea fundamentada en confianza. Según la Real Academia Española, se define confianza como la "esperanza firme que se tiene de alguien o algo". Confiar es una actitud que se desarrolla a partir de la información que obtenemos sobre Dios. La confianza, por fe y gracia, establece un valor intrínseco que forma en nosotros el simple hecho de creer en Dios. Ahí es que decimos que la fe es sencilla, porque, la parte difícil desde nuestra perspectiva, la ha hecho Dios.

Así que cuando modelamos nuestra fe, lo que realmente las personas notan en nosotros es la confianza o seguridad que tenemos en ella. A partir de esto, lo que para muchos es religión o alguna doctrina ancestral incomprensible, para nosotros es una genuina relación personal con nuestro Creador. Ahora, esto debe iniciarse como una verdad interna, o sea que radique en los archivos originales y más profundos de nuestro corazón; allá donde converge el alma, el espíritu y donde se escucha a Dios de forma incomprensible para los seres humanos de hoy.

Lo que estoy planteando es que escuchar el silencio de Dios conlleva confianza, seguridad y en una palabra más sencilla, diría creer; creer en su palabra, que está ahí y que escucha cada oración que le presentamos; creer que está interesado en atendernos siempre que lo necesitemos, muy atento a nuestros asuntos y dispuesto, según su amor y misericordia, a hablarnos a nuestra mente y corazón.

Si cada vez que oramos comenzamos con inseguridad y dudamos que él está escuchándonos, y si nos hacemos la idea recreando en la mente que está muy ocupado para atendernos, entonces de seguro terminaremos frustrados por haber empleado una técnica de fe estéril. Puedo imaginar cuántos casos fuera del registro bíblico existieron, donde los que se acercaban a Jesús con alguna petición escuchaban de él la expresión, *"cree solamente"*. ¿Cuántas veces lo dijo? Cientos de veces, pues en cada discurso existía esta palabra explícita o implícitamente. Y ¿por qué lo decía?

Pues porque creer era el ingrediente estrella que restablecía aquella comunicación que una vez fue interrumpida en Edén.

Confiar es creer, y una vez nuestra mente opere inconscientemente en la fe de Jesucristo, seremos capaces de detener nuestro mundo interior, para darle tiempo y espacio a la voz de Dios que siempre se está moviendo en nuestro entorno espiritual. De igual manera, esto nos capacita para no ser movidos por el impetuoso mundo exterior que percibimos correcta o incorrectamente como hostil y peligroso para nuestra fe.

Hace muchos años me contaron que en cierta ocasión un borrachito entró a una iglesia y se sentó al lado de una anciana muy querida de la congregación. Mientras todo el mundo cantaba los himnos al unísono, él quiso ser parte del coro congregacional. Algunos desenfocados que presenciaron al visitante, no tardaron en reaccionar y furtivamente se desplazaron hasta la anciana preguntándole que cómo era posible que ella resistiera el hedor de aquel hombre que estaba a su lado. La buena cristiana les contestó: "no sé de qué me hablas, lo único que puedo decir es que ¡canta tan bonito!"

No importa qué tipo de distracción nos aseche, si mantenemos el enfoque y nuestra confianza anclada en Dios, de seguro el tímpano espiritual percibirá la dulce voz del maestro en el más denso silencio que podamos experimentar.

En el octavo capítulo hablé sobre el silencio que reside en nuestro interior, y como éste influye en nuestro comportamiento, sabiendo dos cosas: la primera, que desde mi propia experiencia y sé que para muchos también, el silencio es solamente una ilusión. Y la segunda, que no podemos pasar por alto que antes de tratar de comprender nuestro medio ambiente o mundo exterior, debemos hacer lo necesario para conocer nuestro mundo interior.

Tengo la necesidad de aclarar que más allá de conocer, debemos aprender a dominar ese universo interno al que conocemos como mente. Digo universo porque lo comparo con la inmensidad que observo cada noche estrellada cuando miro hacia arriba y contemplo cada estrella posible, los planetas y aún el espacio que hay entre cada cuerpo celeste. Percibo un universo silencioso, pues de donde estoy no escucho nada. Tampoco siento las vibraciones creadas por los impactos de rocas chocando unas con otras o los asteroides que colisionan con los inmensos planetas según he visto en videos que presentan las distintas agencias espaciales alrededor del mundo.

Pero partiendo de esa información científica, también imagino que el ruido debe ser insoportable al oído humano. No obstante, Dios en su sapiencia puso límites para que el ruido intergaláctico no afectara nuestra forma de vida aquí en la tierra. Eso se llama dominio divino para cumplir un propósito de creación. Del mismo modo en que ese universo se presenta apaciguado o desfavorable, así es nuestra mente. ¿Cuántas veces hemos visto alguna persona en modo de paz, tranquilidad y cordura, para luego enterarnos que vive una guerra interior y una inestabilidad emocional que le tortura constantemente? Tristemente muchas personas con buenos recursos mentales, entiéndase buenas intenciones, viven en un ambiente mental sumamente tóxico. Si es así, recomiendo intervención divina y si es posible, consejería profesional.

Por otro lado, algunos tendrán herramientas disponibles para tomar control o dominio de su ser interior llevándolo a una dimensión de paz, donde puedan suprimir el mayor ruido mental, dando lugar al silencio o por lo menos atenuar la intensidad de pensamientos que no les deja concentrarse en Dios. Este ejercicio es vital para quienes desean escuchar a Dios en su silencio.

Les recuerdo que la palabra de Dios es activa y está plasmada en todo lo que Él creó. Nunca se detiene, no retorna vacía. ¡Es dinámica! Siempre está en modo de creación y esto, mi estimado lector, incluye nuestra mente. Conocer la mente es tomar dominio de ella y esto se logra intercambiando pensamientos improductivos por aquellos que nos benefician, que nos elevan a nuestro estado natural donde se cumplen propósitos divinos.

¿Cuál es el secreto?, intercambie sus archivos mentales donde radican esos pensamientos ineficaces por contenido sagrado que sólo encuentra en la palabra de Dios. Uno de mis versos favoritos se encuentra en Isaías 26:3 y lee de la siguiente forma: ***"Tú guardarás en completa paz a aquel cuyo pensamiento en ti persevera; porque en ti ha confiado"***. He repetido esta escritura tantas veces que automáticamente resurge en mi mente en momentos donde mi fe flaquea debido a un pensamiento infectado por alguna creencia limitante. Ese pasaje es una de las verdades más sólidas en mi interior y que siempre me ha funcionado. Lo he prescrito como medicina del alma a quienes han llegado a mí con una carga emocional, buscando sosiego para su vida.

Cuando decidimos cambiar nuestros pensamientos por los divinos, de repente nos damos cuenta que estamos en control de nuestra mente y es a partir de ese momento cuando no sólo dominamos lo que transita en la mente, sino que también logramos percibir lo que es nuestro propio silencio. Si deja que la palabra de Dios se recree en su mente, de forma automática estará susceptible a experimentar algo que probablemente no podrá poner en palabras, y eso es, la capacidad de hacer silencio mental para escucharlo a Él, mientras en lo natural no se escucha nada.

El mensaje es claro: hagamos hábito de lectura bíblica y meditemos en ella. Esto hará que tengamos archivos mentales sanos para intercambiarlos por aquellos contaminados que impiden nuestro progreso en Dios. Si todavía esto es difícil de alcanzar, entonces tomemos por costumbre apartarnos en un lugar donde no haya nada ni nadie que nos entretenga en cosas banales, y así dar lugar a que el Señor, mediante su Espíritu, nos guíe en medio de nuestro silencio, llevándonos al suyo, y desde allí comunicarnos su propósito divino.

Decodificar el mensaje, para mí es extraer de toda la experiencia vivida lo que ha sido no sólo revelador, sino que ha contribuido a mi crecimiento y relación con Dios, depositándolo en las páginas de esta obra con el fin de que todo el que lea y asimile el mensaje pueda encontrar no sólo respuestas a sus preguntas, sino que alcance una nueva dimensión en el conocimiento de Dios.

El capítulo anterior lo titulé: ¡Silencio, que Dios está hablando! El propósito de este tema es simplemente eso: hacer silencio, eliminar esos ruidos mentales que no dejan escuchar a Dios. Si sólo hablamos y hablamos o nos dedicamos a escuchar a otros hablar y de esto formamos un hábito a lo largo de nuestra vida cristiana, de seguro estaremos acostumbrados como el pueblo de Israel hacía mientras Moisés estaba separado escuchando a Dios en la cima del monte.

Allí estaban los elegidos en algarabía constante, en sus asuntos colectivos y personales. Tanto así que celebraban, adoraban, flaqueaban, desmayaban y al final lloraban. Esto más bien era un círculo vicioso que los mantenía en cautiverio mental, pues habían aprendido a ser esclavos en su vida pasada. Algo similar viven muchos creyentes hoy. Aunque dejaron los estilos de vida pasada, aún son esclavos de archivos mentales tóxicos que arrastran cada día.

Observo muchas personas demasiado ocupadas en ministerios, prédicas, enseñanzas, retiros, ayunos y múltiples actividades que se desarrollan dentro de sus congregaciones. Exceden los decibeles; sube la adrenalina cuando saben que llega tal predicador y se posicionan de tal manera para que ese día Dios les hable como nunca.

No es que estoy en contra de esto, pero sí lamento que esta sea la forma que la mayoría aprende supuestamente a escuchar la voz de Dios. Esperan que la voz salga de un torbellino, del ruido de las alabanzas, del mensaje histérico del predicador o profeta, de lo que sienten o le dijeron, pero muy pocos aprenden a subir al monte: allí donde no hay fama, comodidades, excelentes liturgias, lujos ni multitudes; donde nadie nos conoce, no se escuchan voces angelicales o elocuentes; allí donde sólo hay silencio, donde el ruido es prohibido y sólo se percibe a la distancia.

Ese es el lugar donde Dios nos quiere llevar. Para que después del cansancio físico y emocional provocado por el estrecho camino de la montaña que obstaculiza nuestro paso placentero en esta vida, nos encontremos solos a oscuras y en absoluto silencio. Desde ese incomprensible lugar para muchos, de repente, Dios nos alumbra con Su luz y desde esa luz nos llega un sonido que no debe confundirse con combustión, pues es la misma voz del Señor que trasciende desde Su gloriosa dimensión creadora para entrar a nuestro frío silencio a darnos Su palabra de vida.

Cuando crea no escuchar a Dios, preste suma atención al silencio, deseche toda distracción externa, apague los ruidos mentales y deje que su palabra mediante el Espíritu Santo fluya dentro de usted como brisa refrescante en tiempo de primavera.

Al día de hoy, no puedo decir que he escuchado la voz de Dios audiblemente, pero de algo estoy seguro, y es que, en la dimensión de su silencio, se encuentra la más alta expresión de su amor.

ACERCA DEL AUTOR

Raúl Rosado Jr. nació en Chicago, Illinois, y fue criado en Bayamón, Puerto Rico. Su trayectoria académica y ministerial refleja un firme compromiso con la formación integral de las personas y el servicio a la comunidad. Posee un Bachillerato en Teología y otro en Consejería Familiar, estudios que complementó con un Doctorado otorgado por Divinity Chaplain University en Orlando, Florida.

Además de su formación académica, el Dr. Rosado es miembro de Maxwell Leadership, organización en la que ha obtenido múltiples certificaciones que avalan su preparación en temas de desarrollo personal y liderazgo. Su experiencia como Maestro y Conferencista le ha permitido especializarse en áreas como los temperamentos, la metodología DISC y la formación de líderes con propósito.

Más allá de su vocación profesional y ministerial, Raúl Rosado Jr. es esposo de Wanda Rosado y padre de Nathanael Rosado, roles que considera su mayor tesoro y fuente de inspiración en cada etapa de su vida y servicio.

Si el mensaje de este escrito ha ministrado a su vida, nos gustaría leer su testimonio. Puede escribirnos al siguiente correo electrónico: **rmerkat@usa.com**

www.ingramcontent.com/pod-product-compliance
Lightning Source LLC
LaVergne TN
LVHW020718110826
845149LV00012B/2313

* 9 7 9 8 9 8 8 5 6 5 2 0 8 *